Filosofia

Educação de jovens e adultos (EJA)

EDITORA intersaberes

COLEÇÃO EJA: CIDADANIA COMPETENTE

DIALÓGICA

O selo DIALÓGICA da Editora InterSaberes faz referência às publicações que privilegiam uma linguagem na qual o autor dialoga com o leitor por meio de recursos textuais e visuais, o que torna o conteúdo muito mais dinâmico. São livros que criam um ambiente de interação com o leitor – seu universo cultural, social e de elaboração de conhecimentos –, possibilitando um real processo de interlocução para que a comunicação se efetive.

Ademir Antonio Engelmann

Filosofia
Educação de jovens e adultos (EJA)

Editora Intersaberes

Rua Clara Vendramin, 58 . Mossunguê . CEP 81200-170 . Curitiba . PR . Brasil
Fone: (41) 2106-4170 . www.intersaberes.com . editora@editoraintersaberes.com.br

Conselho editorial Dr. Ivo José Both (presidente)
                    Drª Elena Godoy
                    Dr. Nelson Luís Dias
                    Dr. Neri dos Santos
                    Dr. Ulf Gregor Baranow

Editora-chefe Lindsay Azambuja

Supervisora editorial Ariadne Nunes Wenger

Analista editorial Ariel Martins

Capa e projeto gráfico Design Mayra Yoshizawa
                        Imagem domnitsky/Shutterstock

Iconografia Palavra Arteira

1ª edição, 2016.

Foi feito o depósito legal.

Informamos que é de inteira responsabilidade do autor a emissão de conceitos.

Nenhuma parte desta publicação poderá ser reproduzida por qualquer meio ou forma sem a prévia autorização da Editora InterSaberes.

A violação dos direitos autorais é crime estabelecido na Lei n. 9.610/1998 e punido pelo art. 184 do Código Penal.

Dados Internacionais de Catalogação na Publicação (CIP)
(Câmara Brasileira do Livro, SP, Brasil)

Engelmann, Ademir Antonio
   Filosofia/Ademir Antonio Engelmann. Curitiba: Editora InterSaberes, 2016. (Coleção EJA: Cidadania Competente; v. 12)
Bibliografia.
ISBN 978-85-5972-152-2

   1. Educação de adultos 2. Educação de jovens 3. Filosofia 4. Filosofia – Estudo e ensino I. Título. II. Série.

16-07413   CDD-107

Índices para catálogo sistemático:
1. Filosofia: Estudo e ensino 107

Sumário

Apresentação 9

1. O que é filosofia 11

2. Surgimento da filosofia e filosofia antiga 19
    - 2.1 Pré-socráticos 20
    - 2.2 Sócrates 21
    - 2.3 Platão 22
    - 2.4 Aristóteles 23
    - 2.5 Epicurismo e estoicismo 24

3. A filosofia na Idade Média 27
    - 3.1 Patrística 28
    - 3.2 Escolástica 29

4. O Renascimento 35
    - 4.1 Humanismo 36
    - 4.2 Renascimento cultural e artístico 37

5. Filosofia moderna 43
    - 5.1 Racionalismo e empirismo 44
    - 5.2 Reforma e Contrarreforma 46
    - 5.3 Absolutismo 47

6. O Iluminismo   53
   6.1 Principais pensadores iluministas   54

7. Filosofia contemporânea   61
   7.1 Auguste Comte   62
   7.2 Georg Hegel   64
   7.3 Arthur Schopenhauer   64
   7.4 Friedrich Nietzsche   64
   7.5 Ludwing Wittgenstein   65
   7.6 Círculo de Viena e Escola de Frankfurt   65

8. Marxismo   69
   8.1 Contexto histórico   70
   8.2 As origens históricas do capitalismo   71
   8.3 As classes sociais   72
   8.4 Mais-valia   73
   8.5 Alienação   75

9. Filosofia política   79
   9.1 Concepções políticas e filosóficas   81

10. Estética   87
    10.1 O belo e o feio   88
    10.2 Concepções estéticas e filosóficas   89

11. Ética   97
   11.1   Moral e ética   98

12. Pós-modernidade   105
   12.1   O capitalismo e suas características   106
   12.2   Ideias filosóficas pós-modernas   107

Referências   113
Respostas   117
Sobre o autor   119

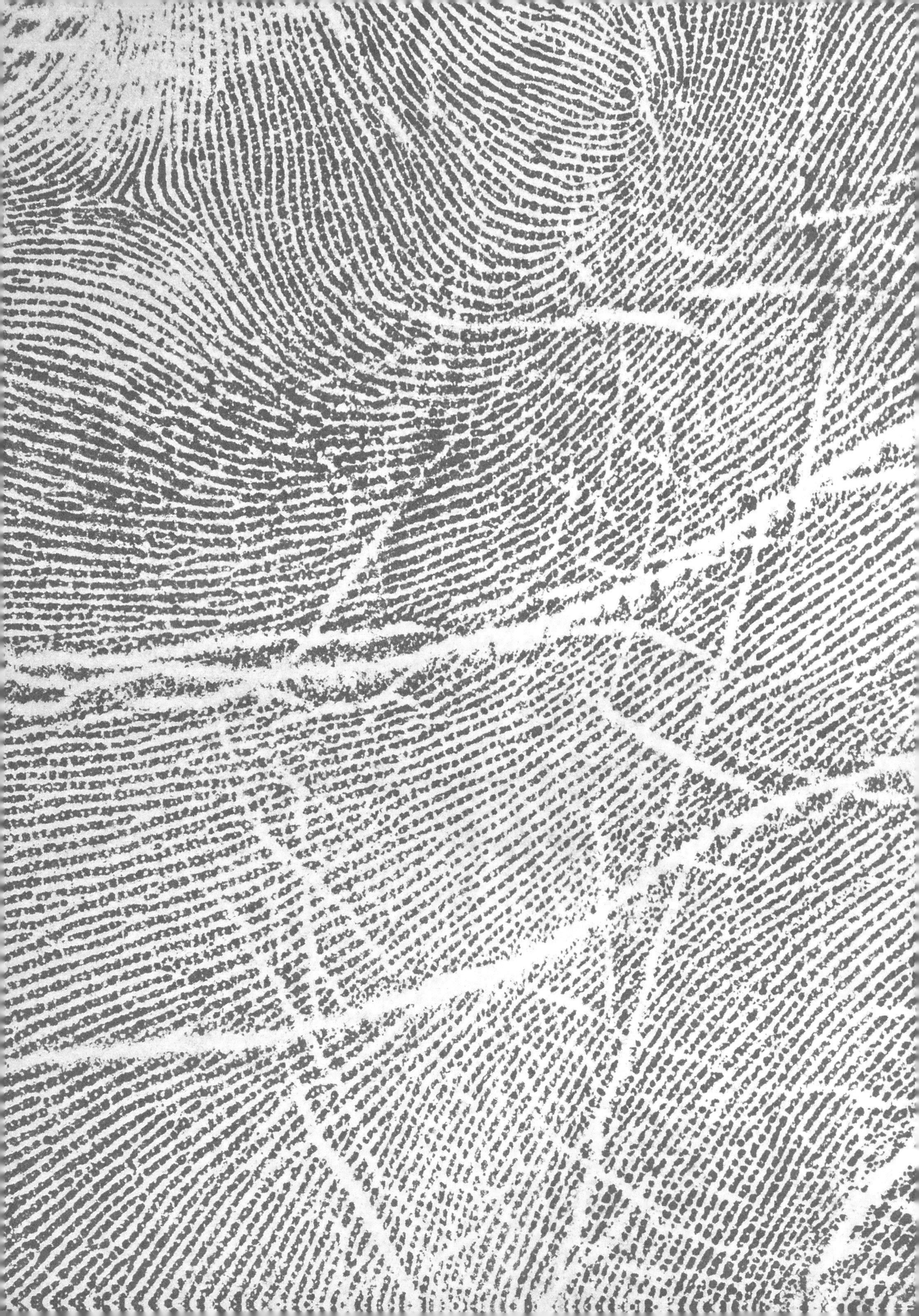

Apresentação

"Há três tipos de cérebro: o que entende as coisas por si mesmo; o que somente entende as coisas através do que os outros entendem; e o que não entende nem por si mesmo nem através dos outros. O primeiro tipo é excelentíssimo; o segundo, excelente; e o terceiro, inútil." (Maquiavel)

Nesta obra, o percurso histórico da filosofia é abordado de modo simples e objetivo. Tal abordagem tem por finalidade elucidar, primeiramente, o que é a disciplina de filosofia e sua contribuição para o desenvolvimento da tomada de consciência do sujeito, a partir das relações deste com ele mesmo, com os outros e com o mundo.

Iniciamos a discussão com a análise do conceito de filosofia, procurando estabelecer uma compreensão sobre ela e o papel reflexivo que traz em sua essência. Examinamos as ideias de alguns filósofos, começando pelos mais antigos, denominados *filósofos da natureza* (*physis*), até chegarmos aos grandes filósofos gregos: Sócrates, Platão e Aristóteles.

Na sequência, concentramos nossa atenção na Idade Média, período no qual a filosofia deixou de ter o papel central, como ocorria no período antigo, e passou a auxiliar a teologia. Mesmo servindo à teologia – principal ciência no período medieval –, a filosofia se encontra emergida nos escritos dos pensadores dessa época.

Na continuidade de nossa análise, mostramos como, com o advento do Renascimento e da Idade Moderna, a filosofia voltou a ser efetiva na construção de ideias e no avanço das investigações científicas. Também destacamos que, na Idade Moderna, o pensamento avançou em bases racionais e com discussões em vários campos do conhecimento. Com isso, os conhecimentos nas mais variadas ciências foram se aperfeiçoando, assim como as discussões voltadas à sociedade envolvendo religião, o Estado, política, justiça, ética, entre outras questões.

Em seguida, abordamos o período contemporâneo, que denota a consolidação dos avanços científicos e das ciências de modo geral e a característica reflexiva da filosofia. As mudanças na vida contemporânea e da pós-modernidade revelam certa complexidade. Embora tenha contribuído para uma infinidade de melhorias, a ciência também criou novos problemas e continua desafiando o homem a buscar novas soluções para eles.

Neste estudo, examinamos questões voltadas à política, salientando sua função relevante em relação à organização da vida social, e à ética, que foi muito abordada pelos filósofos gregos e tem sido enfatizada também na atualidade.

Outra questão que impacta fortemente nossa sociedade é a estética, tema igualmente contemplado aqui. Cabe mencionar que não se trata de um produto da atualidade, pelo contrário: os gregos se apropriaram dela e a utilizaram de forma incisiva. A busca pela estética e a sociedade de consumo estão alinhadas ao capitalismo. Esse sistema econômico, por um lado, proporciona o acesso a uma infinidade de bens e, de maneira geral, à riqueza; por outro, fomenta as desigualdades sociais, resultando nos desequilíbrios sociais vigentes.

Considerando os temas e os pensadores abordados neste livro, você terá subsídios para encontrar na filosofia instrumentos para aprimorar o processo reflexivo e o desafio da busca filosófica. Além disso, perceberá a importância de compreender as mudanças ocorridas ao longo do tempo para o entendimento dos problemas e das necessidades atuais. O estudo e a compreensão da filosofia são ferramentas para a construção de uma consciência crítica e autônoma do sujeito.

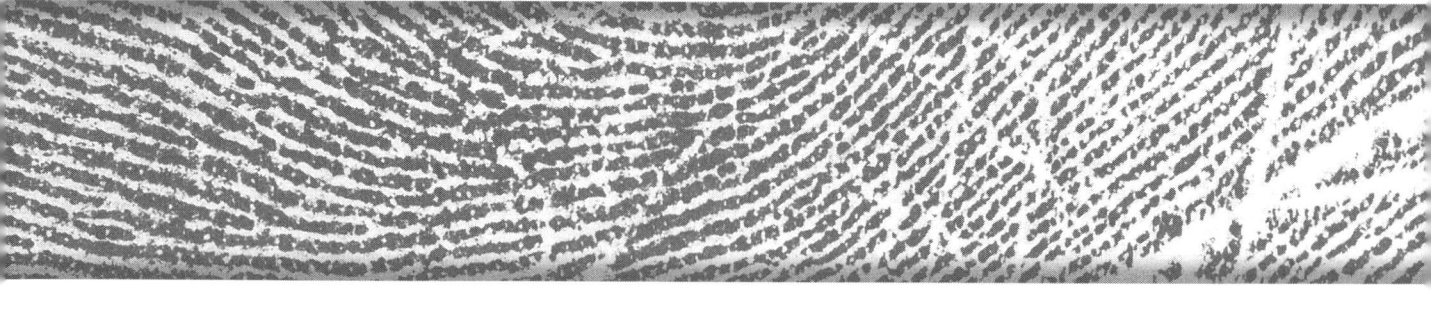

É uma característica do ser humano questionar-se e questionar a existência das coisas. Por isso, é comum surgirem indagações sobre si e sobre o mundo: Qual é a razão da minha existência? Qual é o significado de viver em sociedade? Por que as coisas são assim e não de outra forma? Por que o homem mata e se apropria da violência? As invenções da ciência proporcionaram uma vida melhor a homens e mulheres? Por que os indivíduos precisam se educar? Qual é o fim último do ser humano? Essas são algumas das questões que podem ser formuladas como **atitude filosófica**.

Para se aprofundar sobre o tema, consulte Duarte Júnior (2000).

Figura 1.1 – *O pensador*, de Rodin

RODIN, A. **O pensador**. 1881. 1 escultura.

Crédito: Rafael Ramirez Lee/Shutterstock

Tais formulações revelam o **espanto**, a **angústia** e a **admiração** dos indivíduos em face do **desconhecido**. É essa condição de ansiedade que conduz o sujeito a superar seu estado de natureza e a procurar significados nas coisas e nos fenômenos, proporcionados pelo eterno movimento transformador da realidade[1]. Como afirmou o filósofo alemão Karl Jaspers (1883-1969), no âmbito filosófico, as perguntas têm maior relevância do que as respostas (Jaspers, 1999).

Os questionamentos cotidianos, ainda que simples, revelam nas pessoas a atitude filosófica. O olhar apurado do indivíduo sobre a realidade permite um exame mais aprofundado das questões que ele próprio elabora e que, de algum modo, causam fascínio.

"Esse olhar crítico leva-nos a compreender e a expressar o que compreendemos e, para conseguir essa finalidade, ele nos ensina a questionar tudo: a nós mesmos, ao outro, à natureza, e ainda mais: ele nos ensina que o importante é aprender a ver a realidade" (Giles, 1984, p. 2).

Portanto, a finalidade do despertar filosófico consiste em estabelecer uma conexão do **sujeito** com a **realidade** – compreendê-la e dela abstrair significados, intensificando a compreensão sobre ela. Desse modo, o homem aperfeiçoa e fortalece o questionamento sobre as coisas, no sentido de ampliar suas ideias e concepções filosóficas.

A **filosofia** impulsiona o homem a conhecer-se, o que pode ser expresso na proposição clássica: "Conhece-te a ti mesmo". Essa frase estava escrita no portal de entrada do templo dedicado ao deus Apolo, na cidade de Delfos, na Grécia Antiga. A referida frase implica a busca permanente e incessante pelo conhecimento que, em primeira instância, reside na renúncia e na superação das crenças alimentadas pela ilusão adquirida ao longo da vida.

O exemplo mais concreto de atitude filosófica é o de Sócrates, considerado por seus contemporâneos como muito inteligente e conhecedor de si e da realidade. Quando indagado pelo Oráculo sobre o que ele sabia, eis a resposta: "Só sei que nada sei". Essa resposta levou o Oráculo a concluir que Sócrates realmente era o homem mais sábio, pois era o único que admitia não saber.

Embora Sócrates fosse muito sábio, ele tinha a consciência de que conhecia quase nada, de modo que essa ideia o impulsionava a amar a sabedoria de forma cada vez mais intensa. Assim, é amando e buscando a sabedoria que o homem conhece a si mesmo e a realidade que o cerca. A filosofia "rompe os quadros do mundo para lançar-se ao infinito" (Jaspers, 1999, p. 138). Ela tem o propósito de ir além da situação dada: busca a superação daquilo que já é conhecido e consiste em um processo investigativo profundo e infinito.

A filosofia nos permite o **rompimento** com o mundo de crenças estagnadas, equivocadas e ilusórias, que são alimentadas pelo sujeito a partir da falsa realidade. A filosofia é a **tomada de atitude para a busca da verdade**. Encontramos um exemplo de atitude filosófica e de busca da verdade em um dos escritos de Platão: o **mito da caverna**[1].

Platão relata que as pessoas que habitavam uma caverna imaginavam ser ela a única realidade e, por isso, viviam acomodadas e presas. A visão dentro da caverna era sombria: embora entrassem alguns feixes de luz, enxergavam-se apenas sombras. Isso aconteceu até que um dos prisioneiros procurou se libertar das amarras que o prendiam. De início, ele encontrou muita dificuldade: quando se deparou com a luz pela primeira vez, sentiu seus olhos ofuscarem. Aos poucos, ele se acostumou à luz e começou a perceber que havia um outro mundo, que existiam coisas desconhecidas

[1] *Chaui, 2010, p. 11-12. Para se aprofundar sobre o tema, consulte Platão (2000).*

e que podiam ser conhecidas. Nesse momento, o prisioneiro que deixou a caverna teve de tomar uma decisão: libertar-se e descobrir a realidade ou voltar para a caverna e continuar prisioneiro como até então tinha vivido. Ele decidiu encarar a luz, ainda que isso lhe causasse dor, espanto e sofrimento, pois, por um instante, viu seu mundo de crenças abalar-se totalmente.

Figura 1.2 – O mito da caverna

Crédito: André Müller

Quando o prisioneiro se acostumou com a luz, ele se sentiu maravilhado, pois enxergou as coisas com nitidez e descobriu que sempre viveu coberto de sombras e sem entender a realidade. Pensou, então, em não mais voltar para a caverna e em usar todas as suas forças para se distanciar o máximo dela. Porém, de tanto refletir, tomou a difícil decisão de voltar à caverna para falar das maravilhas que viu e convencer os outros prisioneiros a se libertarem.

Retornou, então, à caverna e começou a falar do mundo externo, mas os outros prisioneiros não o entendiam e tentavam fazer com que se calasse. Como não se calava, eles bateram nele; mesmo assim, insistiu em falar, até que os outros prisioneiros o mataram.

Desse modo, "sair da caverna" significa a **recusa da realidade primeira**, a não aceitação do pensamento superficial e o deslumbramento da possibilidade de mudança. Como afirma Jaspers (1999, p. 139), a filosofia "é perigosa. Se eu a compreendesse, teria de alterar minha vida. Adquiriria outro estado de espírito, veria as coisas a uma claridade insólita, teria de rever os meus juízos".

Dessa forma, "cabe abster-se de pensar no plano geral para mergulhar, através de trabalho consciencioso, num capítulo qualquer de atividade prática ou intelectual; quanto ao resto, bastará ter 'opiniões' e contentar-se com elas" (Jaspers, 1999, p. 139).

Como explica o filósofo alemão Georg W. F. Hegel (1770-1831), citado pelo também alemão Herbert Marcuse (1898-1979), "a filosofia nos ensina que todas as propriedades do espírito (*Geist*) subsistem apenas mediante a liberdade, todas são apenas meio para a liberdade, todas procuram e produzem apenas isto; trata-se de um conhecimento da filosofia especulativa, que a liberdade seja o único verdadeiro espírito" (Marcuse, 1997, p. 139).

A **reflexão** e o **pensamento** são características próprias das pessoas: ainda que o sujeito não seja um filósofo, ele pensa; embora de maneira não filosófica, há uma busca por se entender a realidade. E é na tentativa de estabelecer a compreensão da realidade que a filosofia faz a diferença: ela impulsiona o indivíduo a investigar as mais variadas possibilidades de conhecimento que ele possa abstrair de uma realidade. A filosofia, como parte da **educação** do indivíduo, torna-o ainda mais humano e em condições de conviver com seus iguais, mantendo uma percepção da realidade e de si mesmo.

Exercícios

1) Analise as proposições a seguir e assinale V (verdadeiro) ou F (falso):
   ( ) A atitude filosófica se resume na condição de o indivíduo aceitar a realidade tal e qual ela se apresenta, pois ele não tem condições de buscar compreender o mundo que o cerca.
   ( ) O homem necessariamente precisa ser educado. Eis o papel da filosofia: torná-lo mais humano e em condições de conviver com seus iguais, mantendo uma percepção da realidade e de si mesmo.
   ( ) Podemos entender a ideia de *alteridade* como o princípio para a convivência pacífica e harmoniosa entre os iguais. Isso quer dizer que cada indivíduo vê no outro um outro "eu".
   ( ) O mundo da aparência é o mundo real, portanto as pessoas devem buscar a aparência de maneira absoluta. Isso porque a manifestação filosófica é perceptível no mundo que aparenta ser, ou seja, somente a aparência é verdadeira, e o pensamento é ilusório.

   A sequência correta é:
   a) F, V, F, V.
   b) V, F, F, F.
   c) F, V, V, F.
   d) V, V, F, V.
   e) F, F, V, V.

2) Considerando o pensamento filosófico de Karl Jaspers, analise as proposições a seguir e assinale a correta:
   a) O pensamento filosófico reforça a tradição, a acomodação e as formas de poder em uma sociedade. Portanto, a função da filosofia consiste em contribuir para a estagnação da sociedade e de suas formas de poder.

b) Em termos filosóficos, as perguntas têm maior relevância do que as respostas, pois as perguntas estimulam a reflexão, a problematização e o não contentamento com o que já é conhecido.

c) A filosofia é perigosa em virtude de sua contribuição para o fortalecimento das formas de violência e de dominação existentes nas sociedades. Isso significa que é totalmente normal que algumas pessoas dominem as outras e imponham sua vontade e seus interesses em relação às demais.

d) A gênese do pensamento filosófico está na formulação de concepções mitológicas e religiosas, as quais são mecanismos que fomentam a construção das crenças de acordo com a filosofia pós-moderna.

3) Analise as afirmativas abaixo e assinale a que se relaciona com a perspectiva crítica da filosofia:
a) O olhar crítico nos leva a entender e a expressar o que compreendemos.
b) O pensamento crítico consiste em permanecer indiferente à realidade.
c) O pensamento crítico é um processo natural que toda pessoa adquire.
d) O olhar crítico se dá pela ausência da busca filosófica.

4) O filósofo Karl Jaspers afirma que a filosofia é "perigosa". Leia as proposições abaixo e marque a alternativa correta com relação a essa ideia:
a) A prática filosófica se caracteriza como perigosa, pois conduz o sujeito a pensar de forma direcionada.
b) Ela é perigosa porque sua função consiste em manter o sujeito preso em sua "caverna".
c) A compreensão da filosofia torna as coisas claras e faz o sujeito rever seus juízos.
d) A percepção de que a filosofia é perigosa se deve ao fato de ser próxima da teologia.

5) Verifique as proposições abaixo e marque a alternativa correta com relação à finalidade da filosofia:
a) É atribuição da filosofia fomentar o pensamento dogmático.
b) A filosofia se resume à crença na religião como a única forma de entendimento da realidade.
c) O ceticismo é a característica predominante da filosofia, para a qual é impossível obter o conhecimento.
d) A filosofia consiste na reflexão sobre a realidade, no questionamento das ideias, conduzindo o ser pensante à autonomia racional.

6) O mito da caverna é uma alegoria por meio da qual o filósofo alude ao estado de ignorância em que o sujeito se encontra na caverna. Leia as proposições abaixo e marque o nome do filósofo que corresponde à alegoria da caverna:
   a) Aristóteles.
   b) Giordano Bruno.
   c) Sócrates.
   d) Platão.

7) A frase "Só sei que nada sei", de Sócrates, corresponde à ideia de que:
   a) se pode conhecer tudo.
   b) se conhecem poucas coisas e é possível ampliar o conhecimento.
   c) o conhecimento é pronto e acabado e todos têm a mesma percepção.
   d) não é possível ao sujeito conhecer nada.

8) O termo luz tem um sentido figurado no mito da caverna. Podemos identificar corretamente esse sentido na seguinte assertiva:
   a) Refere-se a perceber as coisas como elas são, ou seja, verdadeiramente.
   b) Diz respeito à luz do sol que iluminava a caverna.
   c) Consiste em manter inalterado o estado de ignorância.
   d) Trata-se do conhecimento da vida concreta.

9) Analise as proposições a seguir e marque a alternativa que não corresponde à ideia de filosofia:
   a) Permite o rompimento, ou seja, ir além daquilo que é estabelecido.
   b) Significa romper com o mundo de crenças estagnadas, equivocadas e ilusórias, que são alimentadas pelo sujeito a partir da falsa realidade.
   c) É a tomada de atitude para a busca da verdade.
   d) É conservadora e tem como característica principal a acomodação.

10) Segundo Hegel, citado por Marcuse (1997), a filosofia nos ensina que todas as propriedades do espírito (*Geist*) subsistem apenas mediante uma condição que reforça o espírito investigativo. Leia as alternativas abaixo e marque a que corresponde a essa ideia:
    a) Consiste no esforço racional.
    b) Refere-se à liberdade, ao espírito livre.
    c) Refere-se à construção do conhecimento científico.
    d) Refere-se aos fundamentos da moral.

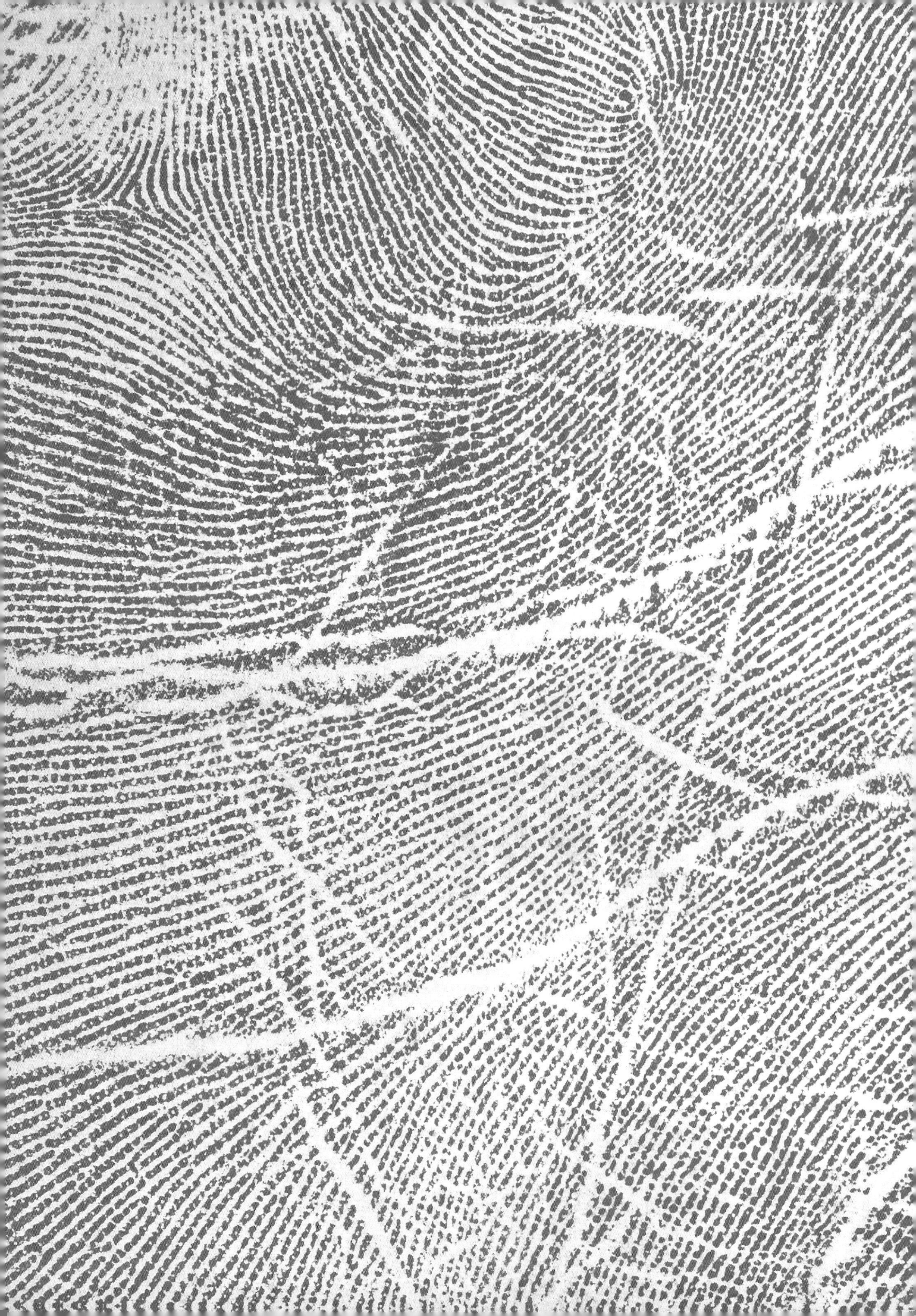

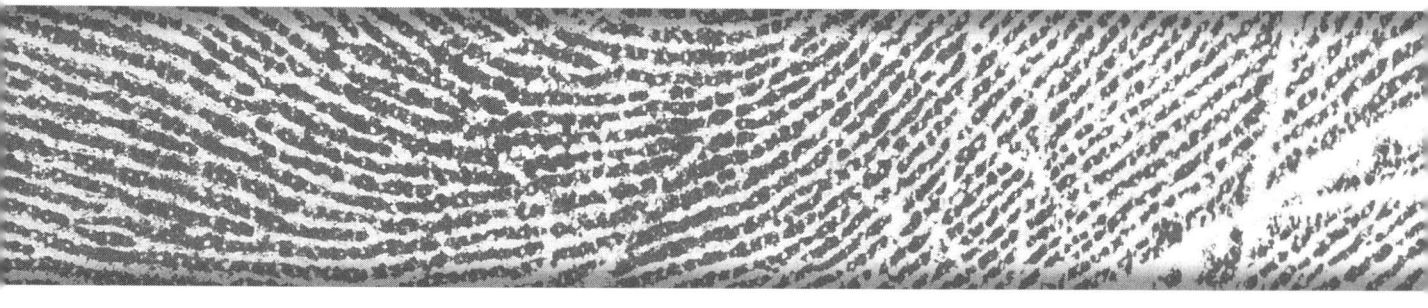

[Para que você conheça mais sobre os deuses gregos, recomendamos a obra de Hesíodo (2001).

"Nosce te ipsum"
("Conhece-te a ti mesmo")
(Sócrates)

Você já ouviu falar dos **gregos antigos**? Eles tiveram preocupação com a vida em sociedade, discutindo questões sobre política, justiça e ética, sobre a **organização da vida em sociedade**. Foi a partir dessas discussões que surgiu a filosofia, como forma racional de explicar a realidade.

A filosofia se originou no século VI a.C., na Grécia Antiga, resultando da passagem do **mito** para a **razão**. O mito foi a primeira maneira que os antigos encontraram para explicar a realidade e conferir sentido a ela: embora tal explicação fosse fantasiosa, ela servia para amenizar os ânimos dos indivíduos diante da realidade. Lembramos que, anteriormente à filosofia, as pessoas acreditavam que os deuses do Monte Olimpo agiam sobre sua vida e a influenciavam diretamente; desse modo, elas tinham a crença de que tudo estava relacionado a um deus ou a um mito.

Os gregos acreditavam que os deuses[1] do Olimpo eram seres imortais e inteligentes, enquanto os homens eram mortais e careciam de inteligência. Porém, os homens se deram conta de que, desejando e amando a sabedoria, poderiam superar essa condição. Foi nesse contexto que surgiu a **filosofia**, termo originário de *philo* ("amor", "amizade") e *sophia* ("sabedoria"). A criação do termo *filosofia* é atribuída ao filósofo Pitágoras (570-495 a.C.).

2.1 Pré-socráticos

Os filósofos denominados *pré-socráticos* antecedem a Sócrates (469-399 a.C.). A preocupação desses primeiros filósofos era de natureza **cosmológica**, ou seja, descobrir o princípio (*arché*), o surgimento da matéria (*physis*). Vejamos, resumidamente, as teorias de alguns desses filósofos:

a. **Tales de Mileto** (623-546 a.C.) – Comumente considerado o primeiro filósofo da história, desenvolveu estudos de astronomia, prevendo um eclipse solar em 585 a.C. Para ele, a origem de todas as coisas era a água.

b. **Anaximandro** (610-547 a.C.) – Para ele, não seria possível explicar a realidade com base em elementos observáveis, mas a partir de algo indeterminado, denominado *ápeiron*, o elemento gerador, sendo ele a junção dos elementos contrários.

c. **Anaxímenes** (588-524 a.C.) – Embora aceitasse a ideia de uma origem não determinada para as coisas, esse filósofo defendia que o ar era a origem de todas as coisas, ou seja, o elemento primordial que deu origem aos demais elementos.

d. **Heráclito de Éfeso** (535-475 a.C.) – Seu pensamento tem base no movimento, com referência à manifestação dos contrários: justiça e injustiça, feio e bonito etc. Para ele, era por meio da luta entre os opostos que o mundo se modificava e evoluía: o vir a ser (devir), o mundo em constante movimento, o movimento dinâmico da realidade era visto por ele na forma de fogo.

A seguir, abordaremos a filosofia de Sócrates, cujo direcionamento está voltado para a perspectiva do homem.

2.2 Sócrates

Como já mencionamos, Sócrates foi um filósofo grego que viveu em Atenas; era muito sábio, amava a sabedoria e ocupou cargos políticos, sendo um cidadão exemplar.

Figura 2.1 – Sócrates

Ele passava muito tempo na praça pública, discutindo com as pessoas em busca da verdade e do bem. Em razão de sua atitude questionadora, foi acusado de subversão – de corromper os jovens e desrespeitar os deuses da cidade. Foi condenado à morte por envenenamento; como se recusou a renunciar a suas ideias para não ser executado, Sócrates tomou cicuta, morrendo junto de seus seguidores.

A filosofia de Sócrates se concentra no homem, em questões sobre o bem, a justiça, a virtude. Em suma, ele questiona: **Qual é a essência do homem?** "O homem é a sua alma, [...] a sede da razão, o nosso eu consciente [...] consciência intelectual e consciência moral" (Cotrim, 2002, p. 94).

A filosofia socrática tem como referência a ironia e a maiêutica. A **ironia** consiste em interrogar os interlocutores, a fim de que eles percebam suas próprias contradições e admitam que não conheciam as coisas como imaginavam conhecer. Assim, a partir do momento em que o sujeito admitisse não conhecer, Sócrates o levava a construir o conhecimento

Crédito: André Müller

verdadeiro. A **maiêutica** se refere ao ato de criar novas e verdadeiras ideias. Ele fazia uma comparação desse processo com a função de sua mãe, parteira, e caracterizava a maiêutica como o "parto de ideias".

2.3 Platão

Figura 2.2 – Platão

Platão (427-347 a.C.) nasceu em Atenas, era discípulo de Sócrates e escreveu vários diálogos que tinham como principal interlocutor o próprio Sócrates. Sua obra manifesta preocupações sobre a política e as leis, em busca do ideal. Para ele, o mundo real é uma cópia imperfeita do mundo ideal.

Como método filosófico, Platão utiliza a **dialética**, que consiste na proposição de ideias, questionamentos e do pensar filosófico em busca da verdade (**tese**). Em seguida, novas ideias contrárias às primeiras (**antítese**) são apresentadas, após a discussão sobre as ideias manifestadas, eliminando-se erros e equívocos; a combinação dessas ideias daria origem a uma terceira espécie (**síntese**). Para esse filósofo, as ideias resultam da construção racional (o mundo das ideias), ou seja, do conhecimento filosófico. O mundo das ideias (**idealismo**) consiste em uma concepção de perfeição: justiça, ética, política etc. Contudo, a realidade é imperfeita: o mundo real é uma parte do mundo ideal, que, desse modo, se torna imperfeito.

Platão também direcionou seu pensamento para a **educação**, tanto é que fundou a **academia**, com a finalidade de educar o homem ética e moralmente, para construir um Estado justo. A educação política está descrita na sua obra *A República*, escrita por volta de 380 a.C. Outra ideia do pensamento filosófico de Platão é o **mito da caverna**, conforme vimos no primeiro capítulo.

2.4 Aristóteles

Aristóteles (384-322 a.C.) nasceu em Estagira, na Macedônia. Foi discípulo de Platão e um homem muito à frente de sua época. Isso tanto é verdade que, em escritos de pensadores modernos e pós-modernos, seguidamente vamos no deparar com ideias do filósofo.

Figura 2.3 – Aristóteles

Ao contrário de Platão, que era idealista, Aristóteles desenvolveu seu pensamento na **perspectiva empírica**, na qual se manifestam preocupações com a justiça, a política e o conhecimento. Sua obra está relacionada às áreas de lógica, física, biologia e política. Fundou o Liceu, em Atenas, escola onde ensinou filosofia por 12 anos. Após a morte do imperador Alexandre, o Grande (356-323 a.C.), aumentou o ódio aos macedônios em Atenas, o que levou Aristóteles a deixar a cidade. Assim, passou a se ocupar da ciência, para investigar a realidade por meio da **observação** – de forma empírica, ele pretendia entender as estruturas essenciais de cada ser (biologia), buscando atingir sua essência.

Além disso, Aristóteles se deparou com questões do ser, que, para ele, é composto de ato e potência. **Ato** é o que é, aquilo que existe, e **potência** é o que poderá ser, o vir a ser. Ato e potência podem sofrer influências acidentais, decorrentes de alterações provocadas no ambiente. Por exemplo: uma laranjeira (ato) potencialmente deverá produzir laranjas; no caso de uma forte seca (acidente), ela não produzirá laranjas. Desse modo, temos a substância, a essência do ser, e o acidental, que se refere àquilo que não constitui a essência do ser – é uma característica situacional, que não faz parte da sua constituição.

Outro conceito fundamental para a compreensão da filosofia de Aristóteles é a ideia de **causa**. Segundo o filósofo, a transformação tem causa, quer dizer, um elemento causador; assim, podemos evidenciar a ideia de causa da seguinte forma: **material** (do que a coisa é feita), **formal** (forma da coisa), **eficiente** (ao agente) e **final** (refere-se à finalidade da coisa).

2.5 Epicurismo e estoicismo

O **epicurismo** tem como principal expoente Epicuro (341-271 a.C.), cuja filosofia defende o **prazer**. Para esse filósofo, o homem deveria buscar o prazer, embora ele divida os prazeres entre os duradouros e os que causam sofrimento. Desse modo, a ideia de prazer está vinculada à **virtude**, que consiste no domínio sobre as paixões, ou seja, em ter controle sobre si mesmo. Esse controle levaria o homem à **ataraxia** – ausência de dor, serenidade.

Por outro lado, os **estoicos**, cujos principais representantes são Sêneca (4 a.C.-65 d.C.) e Epiteto (55 d.C.-135 d.C.), defendiam com rigidez a **ação física e moral** como forma de resistir aos aspectos negativos do mundo. O propósito deles era alcançar uma vida amena em face das perturbações do mundo, a chamada *apatheia*.

Exercícios

1) Analise as proposições a seguir e marque a alternativa que explicita corretamente o significado etimológico da palavra *filosofia*:
   a) *Philo* ("amor", "amizade") e *sophia* ("sabedoria").
   b) *Ethos* ("costume") e *cosmos* ("natureza").
   c) *Philo* ("amor", "amizade") e *physis* ("matéria").
   d) *Sophia* ("sabedoria") e *philo* ("moral").

2) Analise as ideias a seguir e marque a alternativa correta sobre a seguinte questão: Qual é a primeira maneira que o homem encontrou para explicar a realidade?
   a) A primeira forma de o homem atribuir significado à realidade foi a ciência, pois ele é instrumentalizado pela razão desde o nascimento.
   b) O mito foi a primeira forma usada para explicar a realidade e, embora tivesse um caráter fantasioso, amenizava as inquietações humanas.
   c) A teologia embasada na fé cristã impulsionou o homem ocidental a buscar as primeiras explicações concretas e racionais, para melhor compreender a realidade que o cercava.
   d) A utilização do método histórico proporcionou aos homens a possibilidade de entender o passado, bem como as transformações que se sucederam no decorrer da trajetória humana.

3) Leia as afirmativas a seguir e marque a que corresponde ao conceito de *maiêutica*:
   a) Manter as ideias e não alterá-las.
   b) Ato de "parir ideias".

c) Método utilizado pelo filósofo Platão.
d) Conceito moral.

4) Leia a citação abaixo:

Todas as coisas e ideias morrem, tudo o que existe merece desaparecer. Mas essa força destruidora é também a força motriz do processo histórico. A ideia central é a de que a morte é criadora, é geradora. Todo ser contém em si o mesmo germe da sua ruína e, portanto, da sua superação. (Aranha; Martins, 2003, p. 143)

De acordo com essa citação, analise as proposições a seguir e marque a alternativa correta:
a) Refere-se ao cientificismo, que tem como característica principal a superação das ideias e a criação de novas perspectivas.
b) Consiste no movimento dialético, composto de três etapas: tese, antítese e síntese.
c) É a explicação do pensamento racionalista de Descartes, que provocou a revolução científica do século XVII.
d) É a base do pensamento idealista, que predominou durante a crise da ciência ocidental do século XX, afirmando a morte da razão e proclamando o surgimento do misticismo.

5) Analise as proposições a seguir e marque a alternativa correta sobre a concepção filosófica de Platão:
a) Idealismo.
b) Materialismo histórico.
c) Empirismo.
d) Estruturalismo.

6) Os filósofos pré-socráticos tiveram como principal objeto de estudo a cosmologia, que consistia em investigar a natureza das coisas. Leia as proposições a seguir e marque a alternativa correta sobre a investigação dos primeiros filósofos:
a) Explicar os fatos da realidade com base na percepção mitológica.
b) Descobrir os princípios éticos da convivência humana.
c) Investigar o surgimento das ciências de modo geral.
d) Descobrir o princípio (*arché*), o surgimento da matéria (*physis*).

7) Analise as proposições abaixo e marque a alternativa correta referente à composição do ser, de acordo com Aristóteles:
a) Ato e forma.
b) Causa e potência.
c) Ato e potência.
d) Felicidade e mundo das ideias.

8) Conforme Aristóteles, as condições do ambiente não fazem parte da essência do ser. Verifique as alternativas abaixo e marque a que corresponde a esse conceito:
a) Potência.
b) Forma.
c) Acidente.
d) Ato.

9) Analise as proposições a seguir e marque a alternativa que corresponde aos tipos de causalidade, segundo Aristóteles:
a) Material, formal, eficiência e finalidade.
b) Formal, eficiência, finalidade e potência.
c) Ato, forma, causalidade e matéria.
d) Causa, forma, matéria e ato.

10) De acordo com a filosofia de Epicuro, o homem deve sempre buscar o prazer, mas o prazer não consiste no prazer em si. O filósofo classifica os prazeres, havendo aqueles que fazem bem à alma e aqueles que causam dor e sofrimento. Leia as alternativas a seguir e marque a que indica corretamente o modo de vida para o verdadeiro prazer e não para a dor:
a) Dá-se pela satisfação plena de todos os desejos e prazeres.
b) O homem sempre deve buscar o prazer material.
c) Consiste na vida virtuosa e no domínio das paixões.
d) A riqueza eleva a alma do homem e possibilita o prazer total.

Agora que já examinamos algumas ideias sobre a filosofia dos antigos, vamos analisar a filosofia dos tempos medievais. A Idade Média, que historicamente engloba o período entre os anos 476 e 1453, apresenta uma mudança de perspectiva, se comparada ao período antigo: tentativas de explicações racionais da realidade e dos fenômenos são substituídas por **explicações de natureza divina**. Assim, os acontecimentos e os fenômenos de modo geral são entendidos como uma manifestação de Deus, sendo as coisas boas vistas como bondade divina e as coisas ruins como castigo de Deus ou manifestação do demônio.

A instituição central do mundo medieval era a Igreja Católica, sendo o papa sua autoridade máxima, uma vez que o poder civil também estava subordinado ao comando da Igreja. Do ponto de vista da forma de pensamento predominante nesse período, temos a **teologia** como a ciência principal e a **filosofia** como subserviente a ela. Para melhor esclarecer o pensamento medieval, realizaremos sua abordagem conforme a divisão da filosofia: patrística e escolástica.

3.1 Patrística

A patrística, também denominada *filosofia dos padres*, durou aproximadamente da metade do século IV até o século VIII. O principal desafio dos padres consistia em justificar em seus escritos os pressupostos teológicos e ideológicos cristãos que estavam se firmando naquela época. Desse modo, eles formularam os **princípios da doutrina cristã**, como a catequese, pressupostos morais, dogmas e a liturgia, com a finalidade de fortalecer a fé católica.

Um dos principais nomes da patrística é **Santo Agostinho** (354-430), que nasceu na África, na cidade de Tagaste (atual Argélia). Podemos entender a vida de Santo Agostinho em duas fases: uma antes da conversão ao cristianismo e outra depois. O período que antecedeu sua conversão foi marcado pela busca dos prazeres mundanos; por outro lado, a partir do momento em que se converteu, passou a se dedicar a compreender os preceitos cristãos e a pensar sobre eles.

Inicialmente, Santo Agostinho sentia-se atraído pelo **maniqueísmo** (princípios opostos – bem e mal) e também estudou o ceticismo e o neoplatonismo. Essas formas de pensar não lhe trouxeram o sentido da vida e acabou por mergulhar em uma crise existencial, superando-a quando encontrou Santo Ambrósio em Milão (Itália) e se converteu ao cristianismo.

Entre as ideias defendidas por Santo Agostinho, destacamos as seguintes:

- A **alma** é superior ao **corpo**.
- **Livre-arbítrio** – na maioria das vezes, o homem usa a liberdade (vontade) para servir ao pecado, e não a Deus.
- O homem se volta para Deus por sua própria vontade e, principalmente, pela **graça divina** e pela **predestinação**.

Leia uma passagem do pensamento de Santo Agostinho:

Figura 3.1 – Santo Agostinho

> *Eis o espaço que percorri através da memória, para Vos buscar, Senhor, e não Vos encontrei fora dela. Nada encontrei que se referisse a Vós de que não me lembrasse, pois, desde que Vos conheci, nunca me esqueço de Vós. Onde encontrei a verdade, aí encontrei o meu Deus, a mesma Verdade. Desde que a conheci, nunca mais a deixei esquecer.* (Agostinho, 1973, p. 212-213)

Os principais escritos de Santo Agostinho são: *Confissões, De magistro, A cidade de Deus, Da doutrina cristã, Da Trindade* e *Retratações*.

3.2 Escolástica

O período da filosofia medieval denominado de *escolástica* vai do século IX ao século XVI. É marcado pela influência do pensamento de Aristóteles e pela tentativa de aproximar a relação entre **fé** e **razão**. O resgate de Aristóteles teve uma contribuição relevante para as discussões filosóficas nesse período e foi baseado nos estudos do filósofo persa Avicena (980-1037) e do filósofo de origem árabe Averróis (1126-1198) e, ainda, na descoberta de novos textos do filósofo grego, bem como em traduções dos textos aristotélicos para o latim.

Quanto à discussão dos elementos *fé* e *razão*, temos no italiano **Tomás de Aquino** (1226-1274) o principal expoente. A contribuição de São Tomás de Aquino consiste em conciliar esses dois elementos, em aceitar que o homem pode ser um sujeito que manifesta de forma intensa sua fé em Deus, mas que também age racionalmente: "Se a razão não pode conhecer, por exemplo, a essência de Deus, pode, no entanto, demonstrar sua existência ou a criação divina do mundo" (Aranha; Martins, 2003, p. 126).

A **razão** se torna uma ferramenta para auxiliar na compreensão dos elementos da fé, desse modo, resgatando Aristóteles e formulando a grande síntese do pensamento cristão. Do ponto de vista da razão, a retomada do pensamento do filósofo grego ocorre com base nos princípios: da **não contradição**, da **substância**, da **causa eficiente**, da **finalidade** e da **potência**. Tais princípios são utilizados para embasar racionalmente a ideia da existência de Deus, o que implica a adaptação da filosofia de Aristóteles e a inserção de elementos próprios de São Tomás, caso das provas da existência de Deus que ele apresenta na obra *Suma teológica* (1265-1273).

Vejamos as provas da existência de Deus para esse filósofo:

a. **Primeiro motor** – Tudo o que se move é movido por uma força primeira, por outro motor; porém, há um motor que não é movido por nenhum outro – este é Deus.

b. **Causa eficiente** – As coisas que existem têm uma causa de existir, elas são efeito de alguma coisa; logo, essa causa é Deus.

c. **Ser necessário e contingente** – Como as coisas não existem por si, elas se originam de outra coisa e, por isso, podem ser consideradas **contingentes**. Desse modo, para existirem, as coisas necessariamente devem surgir de outras, em que o ser **necessário** é Deus.

d. **Graus de perfeição** – A perfeição existe a partir da atribuição de um grau de qualidade; este é atribuído a todas as coisas, tendo algumas coisas maior qualidade e outras menor. Porém, existe um ser no qual todos os atributos são absolutos em perfeição, tais como beleza, poder, bondade e verdade. Esse ser é Deus.

e. **Finalidade do ser** – As coisas existentes, mesmo não tendo inteligência, cumprem uma **função** ou **finalidade**. Como tais coisas não apresentam inteligência, há um ser maior que, com inteligência, rege todas as coisas, para que elas cumpram seu objetivo. Esse ser de suprema inteligência é Deus.

Para saber mais!

Para entender melhor a Idade Média, assista ao filme *Em nome de Deus*.

EM NOME de Deus. Direção: Clive Donner. Iugoslávia/Reino Unido: NBO, 1988. 108 min.

Ainda com referência à Idade Média, em se tratando do processo de racionalização do pensamento, temos nas ideias do italiano **Marsílio de Pádua** (1280-1343?) e do inglês **Guilherme de Ockham** (1285-1349?) a busca pela consolidação da superação das divergências entre fé e razão. Esses pensadores defendem a **autonomia da esfera civil** e a **separação desta da Igreja**, além da liberdade de o homem realizar suas escolhas: "O homem, como parte da natureza e criação divina, dispunha de liberdade para agir, conhecer e explicar o mundo, bem como organizá-lo por meio de seus membros constituintes" (Engelmann, 2005, p. 30).

A ideia de **autonomia** conduziu o homem medieval a uma posição **antropocêntrica**, que veio a se consolidar no Renascimento e na Idade Moderna, como veremos nos capítulos seguintes.

Exercícios

1) Verifique as proposições abaixo e marque a alternativa que corresponde à instituição hegemônica na Idade Média:
   a) Estado.
   b) Igreja.
   c) Governo civil.
   d) Principados.

2) A filosofia medieval pode ser vista a partir de duas escolas. Leia as alternativas abaixo e marque a opção correta:
   a) Patrística e escolástica.
   b) Escolástica e Renascimento.
   c) Patrística e Iluminismo.
   d) Pensamento helênico e tomismo.

3) A cultura medieval se baseava no **teocentrismo**, o que conduziu à formação de um pensamento voltado para a fé, em detrimento do mundo terreno. De acordo com o enunciado, analise as alternativas a seguir e marque a que explica corretamente a ideia do teocentrismo medieval:
   a) Coloca o homem como centro de todas as coisas.
   b) Os medievais herdaram tal concepção dos antigos.
   c) A fé dos medievais residia na sua capacidade individual de buscar a realização material.
   d) Explica-se pela ideia de que Deus é o centro de todas as coisas.

4) O pensamento de Santo Agostinho contribuiu significativamente para o estabelecimento da doutrina cristã e católica, sendo ele um homem de fé e também um intelectual. Porém, nem sempre ele foi cristão. Leia as alternativas abaixo e marque a que relaciona corretamente o caminho intelectual trilhado por Santo Agostinho até sua conversão:
   a) Maniqueísmo, ceticismo e Neoplatonismo.
   b) Epicurismo, aristotelismo e cristianismo.
   c) Ceticismo, estoicismo e neoplatonismo.
   d) Tomismo, cristianismo e ceticismo.

5) Leia as proposições abaixo e marque a alternativa que indica a principal discussão dos escolásticos:
   a) Buscar a conciliação entre fé e razão.
   b) Justificar a superioridade da ciência perante a teologia.
   c) Fortalecer os princípios da fé cristã e a defesa do paganismo.
   d) Resgatar o racionalismo de Descartes como forma de harmonizar fé e razão.

6) O resgate do pensamento de Aristóteles foi fundamental para o desenvolvimento da filosofia escolástica. Em qual das alternativas a seguir tal situação pode ser identificada?
   a) O resgate do pensamento aristotélico ocorreu a partir da ideia de indivíduo de Severino Boécio.
   b) Está diretamente relacionado ao neoplatonismo de Santo Agostinho.
   c) Aconteceu a partir da descoberta de obras desconhecidas de Aristóteles, de traduções de textos do grego para o latim e da difusão dos textos dos filósofos Avicena e Averróis.
   d) Ocorreu a partir do momento em que a Igreja Católica oficializou o pensamento de Platão e de Aristóteles como orientação para a fé cristã.

7) Considerando o pensamento de São Tomás de Aquino, leia as proposições a seguir e marque a alternativa que corresponde às provas da existência de Deus:
   a) Substância, causa eficiente, graus de perfeição, essência e potência.
   b) Primeiro motor, causa eficiente, ser necessário e ser contingente, graus de perfeição e finalidade do ser.

c) Ser necessário e ser contingente, graus de perfeição e finalidade do ser, ato, potência e substância.

d) Finalidade do ser, causa eficiente, potência, essência e ato.

8) Com relação ao princípio de ato e potência, é correto afirmar:
   a) O ato se refere ao vir a ser do sujeito, e a potência, àquilo que ele é.
   b) O ato constitui a essência do sujeito, e a potência, a finalidade do ser.
   c) O ato se refere à causa primeira, e a potência, à essência.
   d) O ato diz respeito àquilo que o sujeito é em seu estado atual, e a potência se refere à sua capacidade de ser e de transformar – é o vir a ser.

9) Leia as alternativas abaixo e marque a que corresponde corretamente às obras dos pensadores Santo Agostinho e São Tomás de Aquino, respectivamente:
   a) *Confissões* e *Ética a Nicômaco*.
   b) *De magistro* e *O capital*.
   c) *O príncipe* e *O banquete*.
   d) *Confissões* e *Suma teológica*.

10) Analise as proposições a seguir e marque a alternativa que enfatiza corretamente a contribuição filosófica de Marsílio de Pádua e de Guilherme de Ockham:
   a) Eles contribuíram para o desenvolvimento do pensamento racional, da sociedade laica e da liberdade do homem.
   b) Eles legitimaram a relação entre fé e razão.
   c) Eles contribuíram para restringir a liberdade do homem, o qual deve buscar a Deus e os ensinamentos da Igreja.
   d) Eles defenderam a junção do poder divino e do poder civil na figura do pontífice.

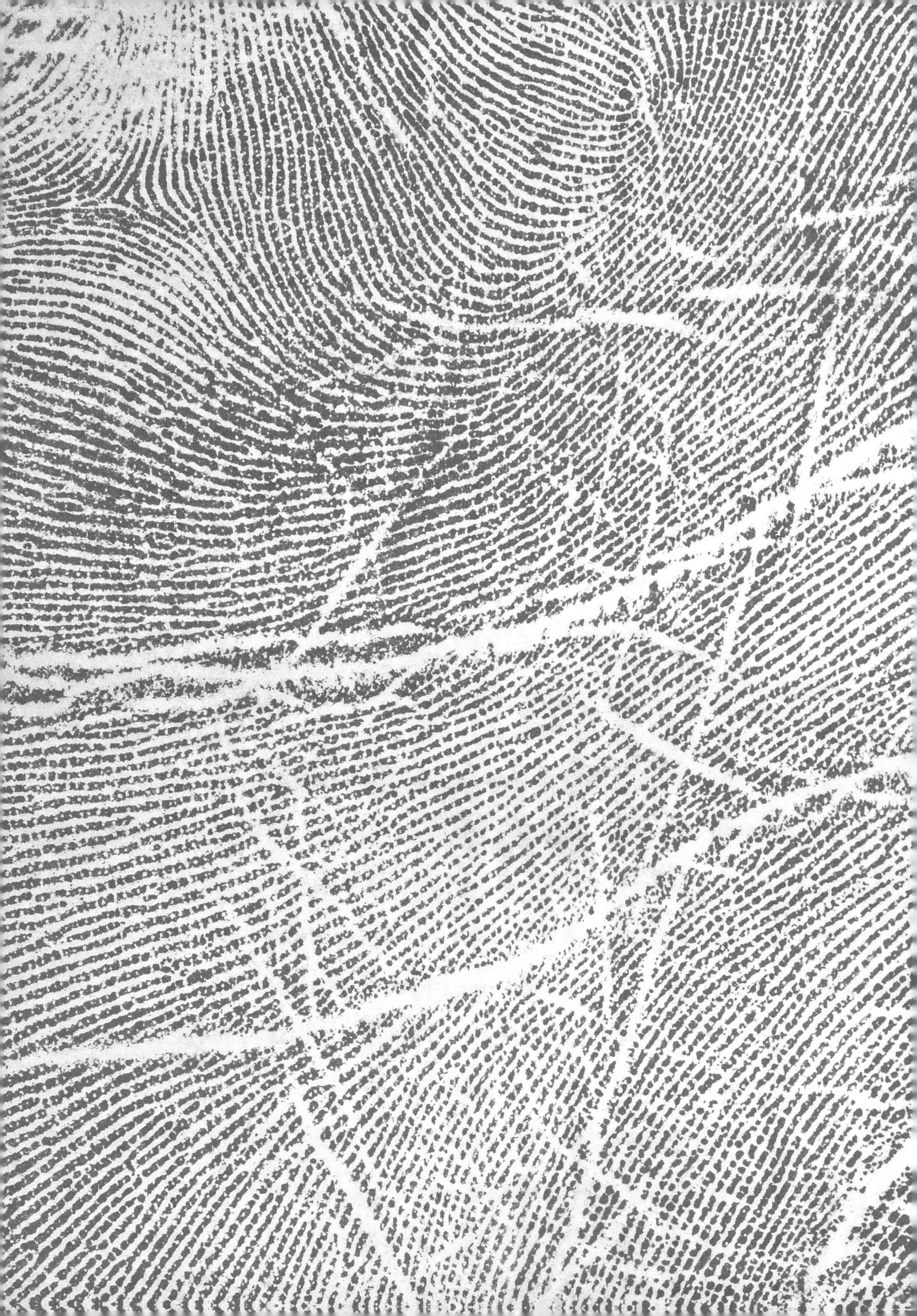

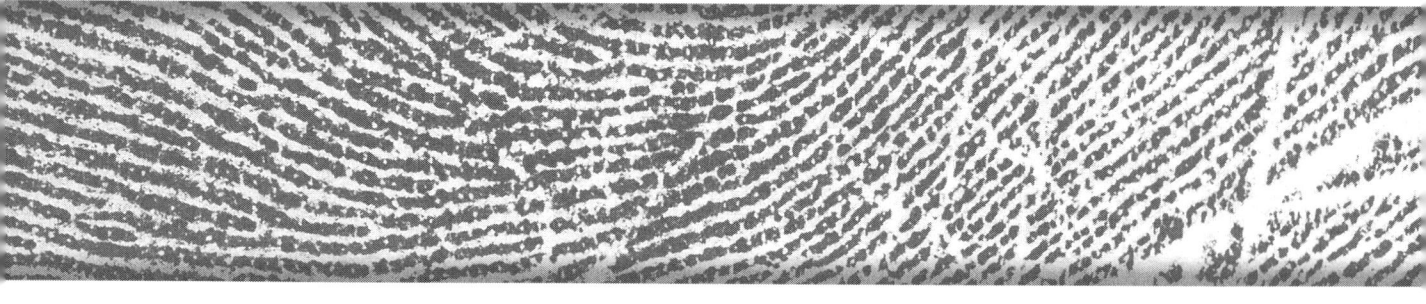

Neste capítulo, abordaremos o Renascimento, suas características e como ele representa um período de transição entre a Idade Média e a Idade Moderna. Como vimos no capítulo anterior, na Idade Média, a Igreja era a referência para os indivíduos; porém, no Renascimento, o homem começou a buscar entender a realidade por meio da razão.

Primeiramente, é importante compreender o que é o Renascimento. Para Abbagnano (2000, p. 852), o Renascimento diz respeito à "renovação moral, intelectual e política decorrente do retorno aos valores da civilização em que, supostamente, o homem teria obtido suas melhores realizações: a greco-romana". O resgate da cultura dos antigos impulsionou o homem a desenvolver uma nova visão sobre o mundo e sobre as coisas, resgatando os valores que levaram os antigos a superar as ilusões e o mito e a buscar a ciência.

A grande contribuição do Renascimento consistiu em trazer o indivíduo para o centro da reflexão – é o chamado **antropocentrismo**[1]. Desse modo, a ação do homem se desprendeu em parte da religião, bem como o tornou mais autônomo e capaz de criar e transformar a realidade, de buscar as explicações para ela de forma racional. Contudo, o homem continuava vivendo em um mundo cristão e mergulhado na fé católica, mas, como vimos anteriormente no pensamento de São Tomás de Aquino, já passou a haver a busca pela razão e a conciliação com a fé e a inspiração no humanismo.

[1] *O antropocentrimo se refere à ideia do homem como centro de todas as coisas e, consequentemente, substituiu o teocentrismo, cuja concepção era a de que Deus era o centro de todas as coisas.*

4.1 Humanismo

O humanismo se caracterizou como um movimento intelectual que tinha como objetivo valorizar o homem e sua capacidade de realização, assim como o estudo sobre a Antiguidade Clássica (Grécia e Roma). A valorização do homem o colocou como um sujeito racional e livre, que se desvinculou das amarras da religião e procurou traçar seu próprio caminho: "O homem novo, o homem moderno, era um homem que se ia fazendo, construindo, e que estava consciente disso. Era, precisamente, 'o homem do Renascimento'" (Garin, 1991, p. 12). Esse novo homem se inspirou nos feitos dos indivíduos da Antiguidade Clássica, e tal inspiração o impulsionou a desenvolver os conhecimentos da ciência e a abandonar, aos poucos, a influência da religião sobre o seu comportamento.

Também foram fatores que contribuíram para o desenvolvimento das ideias nesse período: os avanços da imprensa, que possibilitaram a ampliação das informações impressas e sua divulgação; a queda de Constantinopla, capital do Império Romano do Oriente, para controle dos turcos otomanos; o desenvolvimento das navegações, que proporcionou aos europeus entrar em contato com os outros povos e, assim, conhecer outras culturas e outros modos de vida; e o investimento em cultura por parte de pessoas que tinham dinheiro, como príncipes, o papa e os burgueses.

4.2 Renascimento cultural e artístico

Agora vamos verificar alguns aspectos que contribuíram para o desenvolvimento das ideias e da cultura renascentista:

a. **Renovação religiosa** – Inspirada nos filósofos clássicos (Platão e Aristóteles), teve como objetivo buscar o cristianismo em sua essência; nesse sentido, podemos citar o filósofo italiano **Giovanni Pico della Mirandola** (1463-1494), que, inspirado nos filósofos clássicos, defendeu a reforma religiosa, resgatando, assim, os bons costumes. Além disso, enfatizou a ideia da cabala[11] e a dignidade do indivíduo, que consiste em ser o "grande milagre" – ele pode ser o artífice de si e esculpir seu próprio ser –, que está estritamente ligado a Deus.

b. **Resgate das concepções políticas** – No Renascimento, a política despertou no homem a percepção de que era parte da natureza deste, de que as ações relacionadas à política eram resultado de como os indivíduos a conduziam e de que não havia nela interferência de Deus. O grande nome do pensamento político dessa época foi o italiano **Nicolau Maquiavel** (1469-1527), fundador da ciência política; sua contribuição foi fundamental para a consolidação da ideia de que a política é resultado da ação humana e de que deve ser resgatada a partir dos feitos dos antigos. Abordaremos esse assunto e esse pensador no Capítulo 9, que trata de política.

c. **Renascimento científico** – A busca por explicações racionais se intensificou nesse período, pois, com base em experimentos e em observações da natureza, destacou-se o estudo sobre os fenômenos naturais e relacionados à anatomia humana. Nesse período, sobressaíram-se os seguintes cientistas:

- **Nicolau Copérnico** (1473--1543) – De origem polonesa, confirmou a ideia de que o Sol era o centro do Universo e os planetas, incluindo a Terra, giravam em

[11] *"A cabala é uma doutrina mística ligada à teologia judaica, sendo apresentada como uma revelação especial feita por Deus aos judeus, a fim de que pudessem conhecê-Lo melhor e melhor pudessem entender a Bíblia" (Reale; Antiseri, 1990, p. 77).*

torno dele – o chamado **heliocentrismo**. Essa ideia se contrapunha ao **geocentrismo** defendido pela Igreja Católica.

- **Galileu Galilei** (1564-1642) – Esse italiano se inspirou nas teorias de Copérnico. Sendo chamado pela Inquisição da Igreja Católica para explicar suas teorias, ele as negou para não ser condenado à morte. Contudo, contribuiu em grande escala para o desenvolvimento da física.
- **Leonardo da Vinci** (1452-1519) – Esse italiano foi um homem muito à frente da época em que viveu: ele imaginou, por exemplo, que poderíamos andar no fundo do mar (por meio do submarino) e também voar (por meio do avião). Além disso, desenvolveu conhecimentos em pintura, arquitetura, música, zoologia, anatomia humana, entre outras áreas.

Ainda nesse período, destacaram-se outros nomes importantes e suas obras, tais como: o holandês **Erasmo de Roterdã** (1466-1536), com *Elogio da loucura* (1511); o inglês **Thomas Morus** (1478-1535), com *Utopia* (1516); o inglês **William Shakespeare** (1564-1616), com sua vasta obra em dramaturgia; o belga **André Vesálio** (1514-1564), com seus estudos em anatomia; o italiano **Dante Alighieri** (1265-1321), com suas obras *A divina comédia* (1304-1321) e *A monarquia* (1310-1314); e os pintores, também italianos, **Michelangelo** (1475-1564), **Rafael Sanzio** (1483-1520) e **Ticiano** (1488/1490-1576).

Por fim, leia o texto a seguir, de **Giordano Bruno** (1548-1600), filósofo e cientista italiano, defensor da razão e dos estudos da natureza, que se opôs às ideias da Igreja e foi preso, torturado e condenado à morte na fogueira:

Assim se enaltece a excelência de Deus, se manifesta a grandeza de seu império. Ele não é glorificado em um só, mas em inumeráveis sóis; não numa terra, num mundo, mas num milhão, quero dizer, em infinitos. De sorte que não é vã esta faculdade do intelecto, que sempre quer e pode juntar espaço a espaço, massa a massa, unidade a unidade, número a número, por meio da ciência que nos liberta das cadeias de um angustíssimo império, para nos promover à liberdade de um império augustíssimo, que nos arranca da pressuposta pobreza e estreiteza para nos dar as inumeráveis riquezas de tanto espaço, de tão digno campo, de tantos mundos cultos, evitando que o círculo do horizonte, falso à vista na terra e imaginado pela fantasia no éter espaçoso, encarcere o nosso espírito sob a guarda de um Plutão e à mercê de um Júpiter. (Bruno, 1974, p. 19)

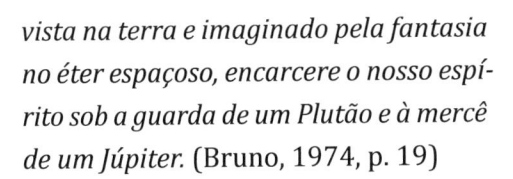

Para saber mais!

Para se aprofundar sobre esse tema, assista ao filme *Il Decameron*.

IL DECAMERON. Direção: Pier Paolo Pasolini. França/Itália, 1971. 110 min.

Exercícios

1) De acordo com as concepções de pensadores e artistas renascentistas e modernos, analise as proposições a seguir e assinale V (verdadeiro) ou F (falso):
   - ( ) Os pensadores e artistas renascentistas começaram a resgatar o pensamento grego clássico, bem como a ver o homem como um ser terreno que, mesmo sendo criação divina, tinha autonomia e capacidade inventiva.
   - ( ) Por mais que a arte do Renascimento tenha sido caracterizada por elementos sacros, ela consolidou o rompimento com a filosofia.
   - ( ) O Renascimento foi marcado pelo racionalismo, pelo empirismo, pela ciência política e pela democracia ateniense.
   - ( ) Segundo Leonardo da Vinci, o homem não deveria esforçar-se para dominar e entender a natureza, pois, sendo ela uma obra divina, já estaria pronta e acabada, quer dizer, o homem é incapaz de criar.

A sequência correta é:
a) F, V, F, V.
b) V, F, F, F.
c) F, V, V, F.
d) V, V, F, V.
e) F, F, V, V.

2) O Renascimento abrange o período que vai do século XIV ao XVI. É um período histórico marcado por uma série de mudanças que transformaram o modo de vida dos indivíduos e os levaram a perceber a realidade de maneira diferente e a criar uma nova mentalidade. Com base nessa ideia, assinale a alternativa que caracteriza a percepção renascentista e moderna do homem diante do mundo e das coisas e, de forma especial, o universo artístico:
a) O homem renascentista se ocupou da tecnologia desenvolvida nos primeiros séculos da Idade Média e transformou seu modo de vida a partir das invenções científicas.

b) A crença na ciência enfraqueceu com maior intensidade no período renascentista em comparação ao medieval, de modo que o homem não se percebia como um ser com capacidade inventiva, pois acreditava que a infinidade de fenômenos que aconteciam, tanto na natureza quanto na sociedade, eram obra do acaso.

c) A arte renascentista foi marcada pela oposição à arte e às concepções filosóficas da Antiguidade Clássica e pela representação de elementos essencialmente religiosos.

d) O homem renascentista retomou o espírito investigativo clássico e passou a valorizar as invenções humanas, caracterizando-as de forma racional; assim, a arte ganhou notoriedade, sendo percebida como uma manifestação humana com fins humanos.

3) Leia as proposições a seguir e marque a alternativa que corresponde à ideia de valorização do homem renascentista:
   a) O homem se reconhece como um ser livre e racional.
   b) A liberdade do homem ocorre de acordo com os preceitos da religião católica.
   c) A razão e a fé são elementos indissociáveis na construção do conhecimento humano.
   d) A noção de valorização do homem ocorre a partir da busca racional e da influência do pensamento filosófico de Nietzsche.

4) Leia as proposições a seguir e marque a alternativa que enfatiza corretamente aspectos que contribuíram para o desenvolvimento do Renascimento:
   a) Aperfeiçoamento da imprensa, governos democráticos, consolidação de Constantinopla e navegações.
   b) Avanços na navegação, imprensa, investimentos financeiros da Igreja e ascensão de Roma.
   c) Investimentos em culturas da parte de burgueses e autoridades, desenvolvimento das navegações, imprensa e queda de Constantinopla.
   d) Surgimento do teocentrismo e das Grandes Navegações, queda de Constantinopla e aperfeiçoamento da imprensa.

5) Trata-se da ideia do homem como o centro de todas as coisas, que passou a substituir o teocentrismo, em vigor até então na Idade Média, dando-lhe condição de sujeito e capacidade de buscar soluções racionais para os seus problemas. Com base nesse conceito, analise as proposições abaixo e marque a alternativa que corresponde ao enunciado:
a) Antropocentrismo.
b) Geocentrismo.
c) Heliocentrismo.
d) Teocentrismo.

6) Leia o fragmento abaixo:

A terra não é mais o centro do universo, mas um corpo celeste como os outros: ela, precisamente, não é mais aquele centro do universo criado por Deus em função de um homem concebido como o ponto mais alto da criação, em função do qual estaria todo o universo. (Reale; Antiseri, 1990, p. 186)

Analise as assertivas a seguir e marque a que corresponde a esse fragmento:
a) Trata-se da concepção de Universo vigente em toda a Idade Média.
b) É uma teoria proposta por Leonardo da Vinci sobre a posição da Terra no Universo.
c) É a concepção heliocêntrica comprovada por Nicolau Copérnico.
d) Refere-se ao conceito de geocentrismo defendido no Renascimento.

7) Pico della Mirandola defendeu o resgate da essência do cristianismo, manifestando-se favoravelmente a uma reforma e ao retorno dos bons costumes. Podemos perceber isso em seu pensamento a partir da seguinte ideia:
a) Dignidade do homem e fé incondicional.
b) Cabala e dignidade do homem.
c) Conciliação entre fé e razão.
d) Defesa da manutenção da cultura medieval e absorção do platonismo.

8) Analise as proposições abaixo e marque a alternativa correta sobre o pensador político Nicolau Maquiavel:
a) Ele trouxe a política para o mundo dos homens, tornou-a humana e criou a ciência política.
b) Ele aproximou a política medieval da Igreja.
c) Ele desvinculou a política da religião; a primeira pertence aos homens e a segunda, a Deus.
d) É considerado o criador da sociologia política, e suas ideias influenciam o mundo político na atualidade.

9) Verifique as proposições abaixo e marque a alternativa na qual estão listados os pensadores renascentistas:
   a) Aristóteles, Erasmo de Roterdã, Leonardo da Vinci, Michelangelo e Descartes.
   b) Rafael Sanzio, Alberti, Bruni, Santo Agostinho e Nicolau de Cusa.
   c) Kant, Ficino, Botticelli, Michelangelo e Rabelais.
   d) Leonardo da Vinci, Michelangelo, Pico della Mirandola, Botticelli e Giordano Bruno.

10) "O universo, isto é, a substância, é uno e infinito, os indivíduos particulares não são senão acidentes ou modos da única substância, no qual os dois princípios (matéria e forma, ou alma) coincidem numa unidade infinita que é Deus explicado" (Granada, 2012, p. 19).

   De acordo com essa citação, analise as proposições abaixo e marque a alternativa correta:
   a) Conceito de Universo proposto por Leonardo da Vinci.
   b) Concepção de Universo proposta por Galileu.
   c) Concepção de Universo proposta por Giordano Bruno.
   d) Explicação do conceito de Universo segundo Maquiavel.

Agora que você já percorreu um tanto da história do pensamento, vamos para a Idade Moderna. O que você já ouviu falar sobre esse período da história da humanidade com relação às ideias? O que esse momento representou para a construção do pensamento no Ocidente? Primeiramente, é importante saber quando, historicamente, esse período começou e terminou: a Idade Moderna teve início em 1453, com a tomada de Constantinopla pelos turcos otomanos, e terminou em 1789, com a Revolução Francesa.

Como vimos no capítulo anterior, que tratou do Renascimento, a busca por explicações racionais passou a ser parte da construção do pensamento moderno. Desse modo, as tentativas de se explicarem fatos e fenômenos com bases racionais fortaleceram a crença na ciência, assim como a consolidação do antropocentrismo. Além da questão das ideias, as navegações empreendidas, especialmente por Portugal e Espanha, trouxeram uma nova visão de mundo aos europeus, que perceberam que a Europa não era o único mundo, e promoveram seu contato com culturas e mercadorias diferentes. Isso fomentou o comércio e incentivou os europeus a buscar contatos com outros povos, para intensificar a compra e a venda de produtos e aumentar o conhecimento sobre outras regiões.

5.1 Racionalismo e empirismo

O racionalismo e o empirismo são as duas grandes correntes do pensamento filosófico e científico do período moderno. A partir dessas correntes, é fortalecida e consolidada a busca por explicações científicas e racionais para os fatos e os fenômenos.

O **racionalismo** tem suas bases no pensamento cartesiano: **René Descartes** (1596-1650), filósofo e matemático francês, defendia a ideia de que o **pensamento racional** seria a base para explicar os fatos e os fenômenos, sendo a **dúvida** o ponto de partida na busca do conhecimento: "À medida que se coloca tudo em dúvida, são lançados questionamentos sobre a realidade para, a partir deles, buscar algo sobre o qual se tenha certeza" (Engelmann; Trevisan, 2015, p. 105). A dúvida desafia o sujeito pensante a ir além daquilo que é conhecido e o leva a ter consciência do ser racional. A existência pressupõe o uso da razão como mecanismo primordial para a ação do sujeito e de sua busca para explicar as coisas e conhecer a realidade. De acordo com o pensamento cartesiano, somente é possível conhecer a realidade de forma racional, e esse conhecimento deverá ser claro e distinto.

E, tendo notado que nada há no eu penso, logo existo, que me assegure de que digo a verdade, exceto que vejo muito claramente que, para pensar, é preciso existir, julguei poder tomar por regra geral que as coisas que concebemos mui clara e mui distintamente são todas verdadeiras, havendo apenas alguma dificuldade em notar bem quais são as que concebemos distintamente. (Descartes, 1996, p. 92-93)

Ainda sobre o racionalismo, com o intuito de aprofundar seus conhecimentos, além do pensamento de Descartes, você pode estudar sobre: **Nicolas Malebranche** (1638-1715), **Baruch Spinoza** (1632-1677) e **Gottfried Wilhelm Leibniz** (1646-1716).

Enquanto o racionalismo se ocupa da razão, o **empirismo** tem na **experiência** o ponto de partida para a busca do conhecimento. Um dos representantes dessa linha de pensamento é o inglês **Francis Bacon** (1561-1626), com suas obras *Novum organum* e *Nova Atlântida*, sendo um dos primeiros a utilizar o **método indutivo**. A investigação filosófica e científica de Bacon teve a preocupação de identificar elementos negativos, pois o fato de haver uma sequência de fatos positivos não significa que não ocorrerão eventos negativos. Para ele, o conhecimento se traduz em poder e, por isso, os cientistas deveriam superar seus preconceitos e vícios, denominados por ele de *ídolos*, em função do conhecimento científico.

Ainda sobre o empirismo, recomendamos a você que estude o pensamento dos filósofos **Thomas Hobbes** (1588-1679), **John Locke** (1632-1704), **George Berkeley** (1685-1753) e **David Hume** (1711-1776). O pensamento de Hobbes e de Locke é eminentemente voltado para a política – nesse sentido, abordaremos esses dois filósofos no capítulo desta obra sobre política.

Para David Hume, a experiência é uma condição necessária para o conhecimento, ou seja, somente pode ser conhecido aquilo que pode ser experienciado. Embora fosse empirista, ele colocava em dúvida a indução, não vendo elementos que pudessem garantir que todos os eventos teriam o mesmo resultado. Ainda pelo fato de ser empirista, Hume demonstrava um **ateísmo prático**, uma vez que partia do princípio de que tudo deve ser experienciado. Para ele, os conteúdos da mente são percepções que podem ser entendidas como impressões e ideias – sendo as impressões a intensidade com que as percepções se apresentam à mente, enquanto as ideias dizem respeito ao tempo em que elas acontecem.

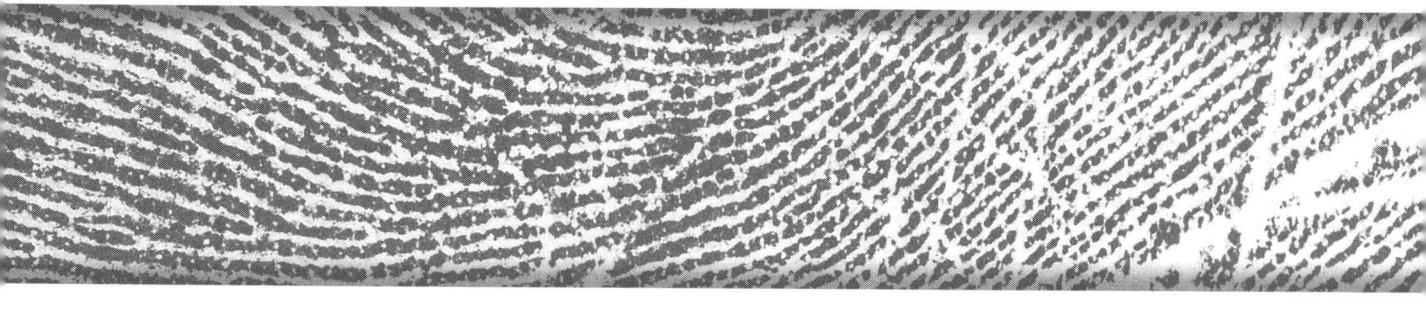

Por fim, para Berkeley, a percepção que temos das coisas são **fenômenos da consciência** e, assim, as coisas são representações da mente – as ideias são produzidas e representam mentalmente um objeto na realidade. Portanto, a ideia que o sujeito tem da realidade é uma construção do espírito, a formulação de um estado de consciência sobre o objeto, que deixa de existir à medida que a ideia deixa de existir.

5.2 Reforma e Contrarreforma

A Reforma foi desencadeada em função de certas questões que já estavam presentes na Europa, como a ideia divulgada pela Igreja Católica de que o acúmulo de riquezas levaria à perda da alma, assim como condutas inadequadas e imorais de membros do corpo eclesiástico e a cobrança de taxas pela administração de sacramentos. Nesse contexto de equívocos da Igreja, e também da busca por mudanças da parte da nobreza da época, que procurava meios de agir com maior liberdade para realizar seus negócios e ampliar os lucros, surgiu a figura de Lutero.

O alemão **Martinho Lutero** (1483-1546), monge agostiniano e professor de Teologia, opôs-se diretamente a algumas ideias defendidas pela Igreja Católica: "ele combatia e rejeitava de início a exigência da Igreja de ser a única mediadora entre Deus e o homem [...]" (Störing, 2009, p. 247). De forma mais direta, ele combateu a venda de indulgências[1]; desse modo, em 1517, na Catedral de Wittenberg, na Alemanha, Lutero divulgou suas 95 teses, em que apontava os abusos da Igreja Católica e manifestava seu descontentamento com ela. Lutero foi repreendido pela Igreja e, como não se retratou, foi excomungado pelo papa. Sua atitude também foi reprovada pelo Imperador Carlos V, do Sacro Império Romano-Germânico, mas ele recebeu apoio de príncipes alemães no Castelo de Wartburg, onde traduziu a Bíblia para o alemão.

Como os príncipes alemães buscavam autonomia e não queriam mais ser influenciados pelo catolicismo, eles apoiaram as ideias de Lutero. Dessa maneira, com a Dieta de Augsburgo, realizada em 1555, estabeleceu-se que cada principado teria autonomia para decidir a religião que seria praticada em seus domínios. As ideias defendidas por Lutero eram as seguintes: a salvação é alcançada pela fé em Cristo; a relação entre o indivíduo e Deus se dá diretamente, sem a intermediação de alguém; e qualquer pessoa pode ler a Bíblia, sendo ela a fonte da palavra de Deus.

Ainda no âmbito do **protestantismo**, podemos mencionar o

[1] *O papa Leão X estabeleceu, mediante o pagamento de uma taxa, que as pessoas que aderissem à prática teriam seus pecados perdoados.*

calvinismo, vertente liderada pelo francês **João Calvino** (1509-1564); a ideia da **doutrina da predestinação** (de que Deus escolhe aqueles que serão salvos), defendida por Calvino e que se espalhou rapidamente na Europa; e, ainda, o **anglicanismo**, na Inglaterra, que abordaremos na próxima seção, que trata do absolutismo.

Com os avanços da Reforma, a Igreja Católica reagiu com a **Contrarreforma**: em um primeiro momento, foi fundada a Companhia de Jesus (1540) e promovido um concílio a fim de reorganizar a Igreja; também foi fortalecida a Inquisição. De 1545 a 1563, ocorreu o Concílio de Trento, que teve como medidas: fortalecer o poder do papa, disciplinar o clero, fundar os seminários, reforçar a doutrina da Igreja, fundar colégios primários e ampliar a difusão do catolicismo no mundo que não era cristão, além de reforçar todos os dogmas religiosos, assim como os sete sacramentos.

5.3 Absolutismo

O absolutismo teve forte impacto no período moderno, pois, em vários países europeus, foram instaurados governos liderados por um **rei**. Este, por sua vez, tinha o poder absoluto sobre a sua área de jurisdição, impondo sua vontade e transformando-a em lei. Em determinadas monarquias, a vida das pessoas passou a ser regulada conforme a vontade do rei. Seu autoritarismo levou muitas pessoas à condenação e à execução, simplesmente em virtude da vontade do rei e do fato de ele não concordar com as ideias de indivíduos que pensavam diferente ou se opunham às suas práticas.

O rei, sendo a figura central do poder, agia em função de seus interesses e da nobreza que o cercava. Assim, era comum o aumento ou a criação de impostos para a população, a fim de manter as regalias da alta sociedade aliada do monarca. A interferência do rei nas demais esferas era uma prática constante, sobretudo na Igreja e na economia. Alguns reis afirmavam que a legitimidade do seu poder vinha de Deus ou mesmo atribuíam a si a ideia de que representavam Deus na Terra.

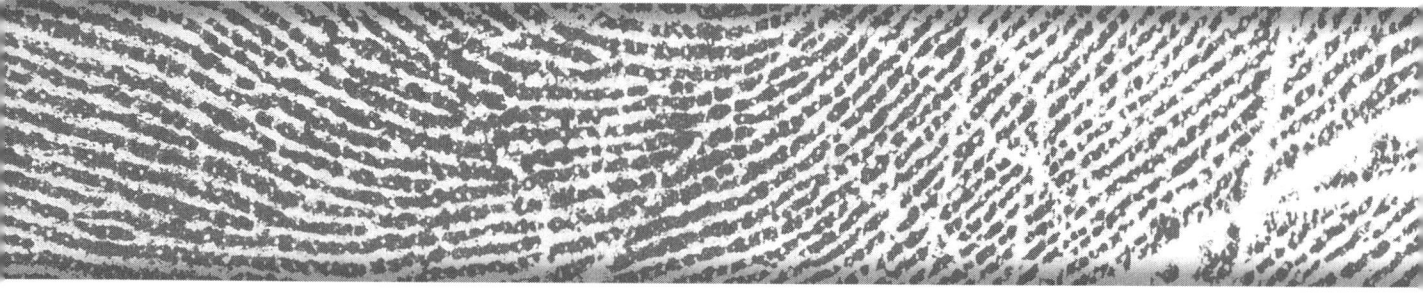

Figura 5.1 – Henrique VIII

Crédito: André Müller

O rei inglês **Henrique VIII** (1491-1547) ampliou seu poder ao romper com a Igreja Católica e fundar a Igreja anglicana na Inglaterra; desse modo, além de chefe do Estado, ele passou a ser chefe da Igreja.

Além do absolutismo, dois outros fatores tiveram grande impacto na modernidade, embora quase no final desse período. De qualquer forma, eles contribuíram significativamente para a ocorrência de mudanças profundas na época em que aconteceram e influenciaram o período seguinte. Referimo-nos aqui à Revolução Industrial e à Revolução Francesa.

A **Revolução Industrial** teve início por volta de 1750, na Inglaterra, onde modificou o modo de produção de mercadorias, que, até então, era artesanal. A partir daí, passou-se a utilizar **máquinas** para produzir – disso decorre a produção em maior escala, a utilização da mão de obra e, consequentemente, a consolidação do **capitalismo**, que visa a produzir em grande escala, consumir e gerar lucros.

Por outro lado, a **Revolução Francesa**, iniciada em 1789, marcou o fim do período moderno e o início do período contemporâneo. Foi uma **revolução burguesa**, pois seus resultados consolidaram o poder político e econômico da burguesia, liderada por pessoas que pegaram em armas, depuseram e executaram o rei e destruíram a grande prisão (a Bastilha). Com base no lema "Liberdade, igualdade e fraternidade", os revolucionários – formados pelos burgueses, mas também por pessoas do campo e por diferentes profissionais urbanos – pretendiam acabar com a exploração do rei sobre a população (principalmente por meio de impostos que incidiam apenas sobre parte da população, excluindo-se a nobreza e os integrantes da Igreja), pois ele matinha privilégios para a corte e seus apoiadores. Com o desenrolar do processo revolucionário, chegou-se à conclusão de que se deveria promover o fim da monarquia e do poder do rei. Assim, a Revolução Francesa significou a luta pelo final de um período e o início de outro – o contemporâneo, conforme abordaremos no capítulo seguinte.

Exercícios

1) Leia as proposições abaixo e marque a alternativa que corresponde ao fato que marca o fim da Idade Média e o início da Era Moderna, no ano de 1453:
   a) A tomada de Constantinopla pelos turcos otomanos.
   b) A substituição dos elementos da fé pelos elementos da razão.
   c) A era das Grandes Navegações.
   d) A secularização da política.

2) Alguns acontecimentos proporcionaram à Europa o contato com outras pessoas e culturas, dando aos europeus a percepção de que havia outras civilizações, modos de vida distintos dos seus e economias diferentes da europeia. Julgue as alternativas a seguir e marque a que corresponde ao enunciado:
   a) As descobertas científicas foram fundamentais para o desenvolvimento da percepção de culturas diferentes da europeia.
   b) A Contrarreforma, proposta pelos protestantes, levou as religiões cristãs para outros continentes.
   c) As Grandes Navegações permitiram aos europeus conhecer outros continentes e culturas diferentes e perceber que a Europa não era o único mundo.
   d) A Revolução Industrial promoveu a integração da Europa com outros continentes, uma vez que os europeus passaram a fornecer tecnologia a outros povos.

3) Verifique as alternativas abaixo e aponte a que relaciona as religiões protestantes fundadas no período moderno:
   a) Igrejas luterana, católica e cristã ortodoxa.
   b) Igrejas metodista, absolutista e anglicana.
   c) Igrejas luterana, calvinista e anglicana.
   d) Igrejas Católica, luterana e anglicana.

4) Com relação à Contrarreforma, leia as proposições a seguir e marque a alternativa correta:
   a) Reforçou a Inquisição, reafirmou a doutrina católica e fundou seminários e colégios primários.
   b) Quebrou a doutrina tradicional, fundou seminários, aprovou a manutenção das indulgências e criou regras para se tornar sacerdote.

c) Extinguiu a Inquisição, restaurou o poder do papa, reforçou a doutrina católica e difundiu o catolicismo aos povos não cristãos.

d) Fundou seminários, decidiu não difundir o cristianismo aos povos que não eram cristãos, fortaleceu a Inquisição e fundou colégios primários.

5) Consiste na busca do conhecimento por meio da comprovação das teorias científicas com base em experimentos. Considerando esse enunciado, verifique as alternativas abaixo e aponte a correta:
a) Trata-se do empirismo, método que busca comprovar as teorias por meio da experiência.
b) É o método utilizado por Descartes nas investigações filosófica e científica.
c) Refere-se a proposições teóricas que visam a explicar os fenômenos da ciência.
d) É o método empírico proposto por Thomas Hobbes.

6) Analise as assertivas a seguir e marque a alternativa que corresponde ao conceito do racionalismo proposto por Descartes:
a) Defende que a explicação da realidade ocorre com base em experimentos que, realizados várias vezes, sempre apresentam resultados semelhantes.
b) O racionalismo cartesiano se caracteriza por ser profundamente político e por se afastar das influências da religião.
c) Utiliza-se da crença no sobrenatural como fonte para explicar a realidade e conferir significado a ela.
d) Caracteriza-se por explicações racionais como fonte dos conhecimentos filosófico e científico, sendo a razão a única forma de explicar a realidade.

7) A Idade Moderna corresponde ao período de 1453 a 1789, no qual ocorreram fatos de grande relevância, que mudaram o modo de vida das sociedades. Analise as alternativas abaixo e marque a que indica corretamente algumas características desse período:
a) Ênfase nas explicações científicas, racionalismo, empirismo, Reforma Protestante, absolutismo e Revolução Industrial.
b) Explicações para os fatos e os fenômenos com base nos fundamentos teológicos, Reforma Protestante, Contrarreforma e Revolução Francesa.
c) Revolução Russa, racionalismo, empirismo, peste negra e surgimento da ciência política.
d) Investigação científica, racionalismo, Reforma Protestante, Revolução Francesa e Primeira Guerra Mundial.

8) As principais correntes do pensamento científico moderno contribuíram decisivamente para os avanços da ciência no período moderno, e mesmo posteriormente. Aponte a alternativa que apresenta as correntes de pensamento da Idade Moderna:
a) Empirismo e estruturalismo.
b) Racionalismo e empirismo.
c) Conhecimento filosófico e religioso.
d) Racionalismo e dedução.

9) Alterou profundamente o modo de produção das mercadorias – introduzindo as máquinas no processo produtivo – e as relações de trabalho e consolidou o capitalismo como sistema econômico, acarretando uma revolução. Leia as alternativas abaixo e marque a que se refere a esse enunciado:
a) Revolução Francesa.
b) Revolução Industrial.
c) Revolução Russa.
d) Revolução Gloriosa.

10) A Revolução Francesa teve início em 1789 e caracterizou-se como uma revolução burguesa, ficando marcada na história por seus ideais. Verifique as alternativas a seguir e marque a que relaciona corretamente os ideais da Revolução Francesa:
a) Igualdade, religiosidade e partilha.
b) Fraternidade, justiça e equidade.
c) Liberdade, igualdade e fraternidade.
d) Justiça, temperança e liberdade.

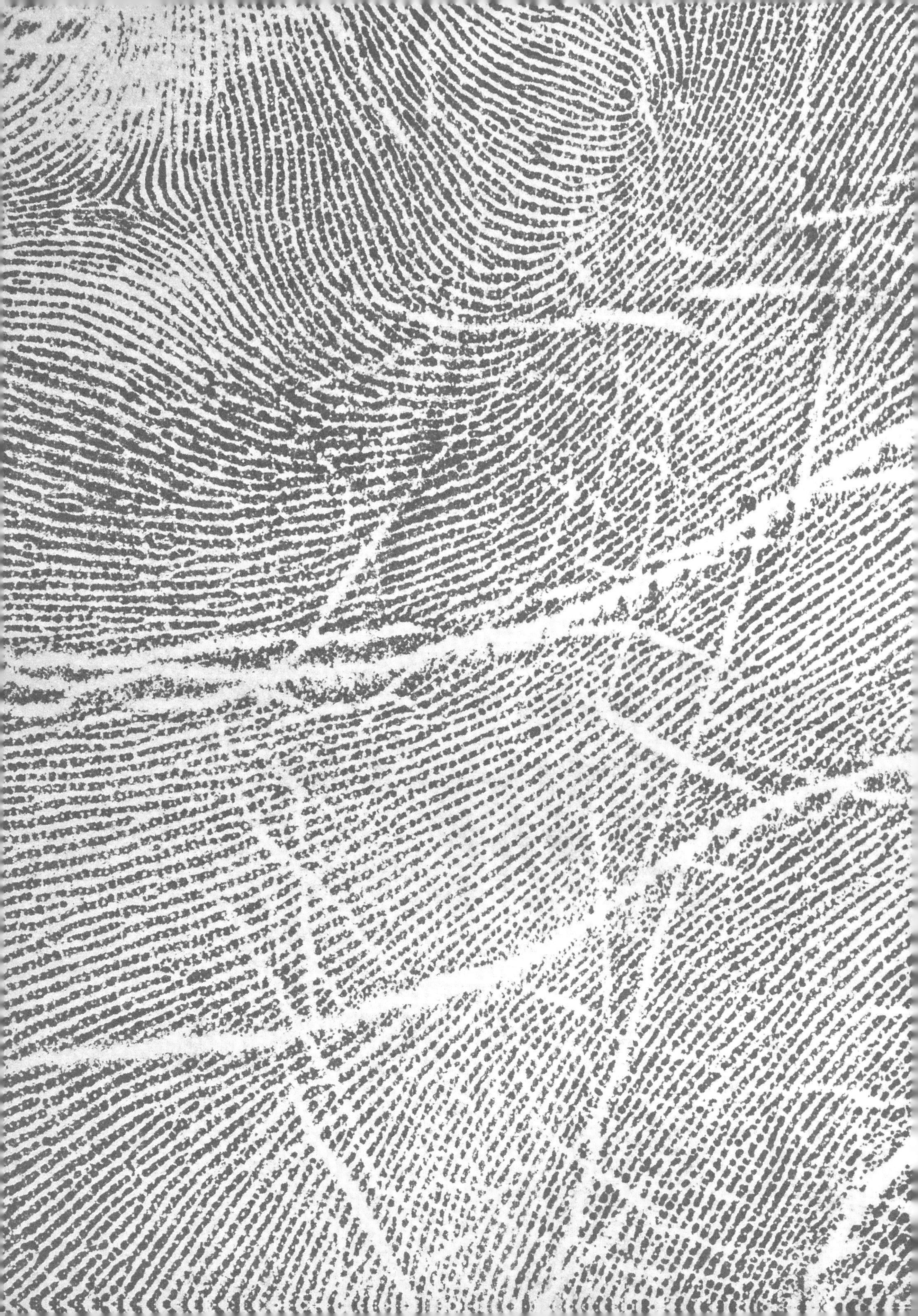

Você se considera uma pessoa crítica? Você já ouviu dizer que uma pessoa é crítica? Neste capítulo, abordaremos o **Iluminismo**, um movimento que surgiu no século XVIII e era bastante crítico em relação à realidade que se apresentava. Também denominado de **filosofia das luzes**, teve como objetivo esclarecer a população a respeito das mazelas praticadas pelo Estado absolutista. Esse movimento intelectual também se opôs à Igreja e à sua política dominadora desenvolvida ao longo da Idade Média.

As principais características do Iluminismo são as seguintes:

a. oposição à economia mercantilista da época;
b. crítica ao Antigo Regime (absolutismo);
c. crítica às verdades reveladas pela Igreja Católica;
d. defesa da economia livre da interferência do Estado;
e. defesa do conhecimento científico e das explicações racionais dos fatos e dos fenômenos – **crença na razão**;
f. defesa dos ideais burgueses – liberdade econômica e política.

Os principais pensadores iluministas são Locke, Voltaire, Rousseau, Diderot, D'Alembert, Montesquieu, Helvetius, Condillac, Kant, entre outros, conforme veremos a seguir.

6.1 Principais pensadores iluministas

Em linhas gerais, os iluministas defenderam o **uso da razão** e a **liberdade de expressão**. Na sequência, vamos examinar ideias específicas de alguns desses pensadores.

O inglês **John Locke** (1632-1704), em sua obra *Ensaio acerca do entendimento humano* (1690), defende a ideia de que a mente humana, quando do nascimento, não contém ideias e que estas são adquiridas ao longo da vida a partir da experiência sensorial e da reflexão. Assim, as ideias são obtidas a partir da experiência abstraída pelos sentidos, os quais estabelecem as características dos objetos. A reflexão se constitui no **desenvolvimento do raciocínio**, na formulação das ideias e, de modo geral, nas percepções que o sujeito constrói internamente – essa construção ocorre, a princípio, com as ideias simples e passa, em seguida, para as mais complexas. Locke também se envolveu politicamente e, em sua obra *Dois tratados sobre o governo* (1689), defende a liberdade e um governo que aja em função desse princípio.

O francês **Montesquieu** (1689-1755), que, em seu pensamento, se utilizou da sátira, criticou o rei (monarquia), o papa (Igreja) e suas formas abusivas de exercer o poder e de oprimir a população. Para ele, deveria ser estabelecido um equilíbrio entre as formas de poder, de modo que o poder refreasse o próprio poder. Tal **equilíbrio** se daria com os **três poderes**: Executivo, Legislativo e Judiciário – essa estrutura impossibilita a supremacia de um poder sobre os outros e, hoje, é vigente inclusive no Brasil. Os principais escritos de Montesquieu são: *Cartas persas* (1721), *O espírito das leis* (1748) e *Considerações sobre as causas da grandeza dos romanos e de sua decadência* (1734). Também colaborou com a *Enciclopédia*, de Diderot e D'Alembert.

Seguindo a ideia de **liberdade**, o pensador francês **Voltaire** (1694-1778) defendeu a **tolerância**, mesmo em relação a culturas diferentes, e criticou e ironizou o clero e a intolerância religiosa, bem como o abuso de poder. Ele era favorável à ideia de um governo monárquico, mas diferente das monarquias da época: que fosse esclarecido, que governasse para o povo e não o oprimisse, como os reis absolutistas faziam, e que garantisse a liberdade dos indivíduos.

Também contribuíram para o desenvolvimento das ideias iluministas os pensadores franceses **Denis Diderot** (1713-1784) e **Jean d'Alembert** (1717-1783). Conhecidos como **enciclopedistas**, eles reuniram em diversos volumes os conhecimentos mais relevantes da filosofia e da ciência até aquele momento. A *Enciclopédia*, cujos últimos volumes foram publicados em 1772, teve grande impacto nas ideias políticas da época, principalmente nas dos burgueses; além disso, os pensadores defenderam ideias que fomentavam a crença na razão e o distanciamento entre a Igreja e o Estado.

Outro filósofo de grande relevância no pensamento iluminista foi o suíço **Jean-Jacques Rousseau** (1712-1778). Suas ideias diferem das dos demais que mencionamos anteriormente, pois ele não deu tanta ênfase ao conhecimento técnico e científico e também não era adepto da defesa da propriedade privada. Para ele, o Estado deveria representar a **vontade geral** e, desse modo, criar mecanismos para uma sociedade embasada

Figura 6.1 – Jean-Jacques Rousseau

Crédito: André Müller

na justiça e na democracia. Os principais escritos desse filósofo são: *Discurso sobre a origem da desigualdade entre os homens* (1755), *Do contrato social* (1762) e *Emílio ou Da educação* (1762). Na obra sobre o contrato social, Rousseau faz referência à **justiça**, entendida como resultado da instituição da sociedade civil:

> *A passagem do estado de natureza para o estado civil determina no homem notáveis mudanças. Precisa, por exemplo, substituir o instinto pela justiça, atribuindo às suas ações uma moralidade que lhe faltava no estado de natureza. Vê-se, então, forçado a adotar outros princípios e a consultar a razão antes de ouvir as próprias inclinações.* (Abrão, 1999, p. 288)

Assim, a sociedade civil impõe ao homem a percepção do **outro** e dos direitos que este adquire e, sobretudo, leva o indivíduo a agir em função de uma ideia de **justiça**, que, por sua vez, é uma construção racional. Portanto, o homem passa a conviver em sociedade e a observar a lei, que tem como finalidade superar o estado de natureza e delegar ao Estado o poder de decisão.

Na obra *Emílio ou Da educação*, Rousseau faz referência à **educação**, afirmando que o homem é bom por natureza, mas a vida em sociedade o corrompe. O filósofo defende que a educação da criança deve levar em consideração a condição desse sujeito, sendo que, nessa época, a criança era percebida como um adulto em miniatura. Desse modo, a criança deveria ser educada tendo em vista suas necessidades de criança, a fim de que se desenvolvesse amplamente.

Ainda tratando do Iluminismo, um de seus principais nomes é **Immanuel Kant** (1724-1804), filósofo alemão. Sua obra filosófica é extensa e complexa, com destaque para os escritos *Crítica da razão pura* (1781), *Crítica da razão prática* (1788), *Fundamentação da metafísica dos costumes* (1785), *Crítica do juízo* (1790) e *A religião nos limites da simples razão* (1793). O método kantiano é denominado **criticismo**, o qual questiona o que se conhece, aquilo que pode ser conhecido e o próprio conhecimento, pois, para ele, o conhecimento pode ser alcançado a partir da experiência sensível e de juízos universais.

Segundo Kant, a **experiência** é parte do conhecimento, o que ele explica por meio da ideia de conhecimentos *a priori*:

> *Por conhecimentos* a priori *entenderemos, portanto, no que se segue, não os que se realizam independentemente desta ou daquela experiência, mas **absolutamente** independente de toda a experiência. Opõem-se a eles*

os conhecimentos empíricos ou aqueles que são possíveis apenas a posteriori, isto é, por meio da experiência. (Kant, 1974, p. 24, grifo do original)

Desse modo, os conhecimentos *a priori* são provenientes da **razão**, e os conhecimentos *a posteriori*, da **experiência**. Os primeiros antecedem a experiência, e os segundos estão relacionados a ela. A partir daí, Kant aborda os **juízos universais**, entendidos pelo filósofo como **analíticos** e **sintéticos** – analíticos são os juízos em que o predicado já se encontra no sujeito, e sintéticos são os juízos em que o predicado é acrescentado ao sujeito. Kant desenvolveu ainda escritos sobre moral, os quais abordaremos no capítulo sobre ética.

Exercícios

1) Com relação ao Iluminismo, é correto afirmar:
   a) Os pensadores iluministas desenvolveram seu pensamento com base na fé cristã, uma vez que a maioria dos iluministas pertenceu ao meio eclesiástico.
   b) Os pensadores iluministas acreditavam no progresso humano com base na razão, criticaram a Igreja e o Estado absolutista e procuraram contribuir para libertar a população da ignorância e da opressão do Estado.
   c) O Iluminismo foi um movimento intelectual que surgiu no século XVII e que tinha a finalidade de esclarecer a população sobre as mazelas dos reis e libertá-los da ignorância.
   d) O Iluminismo se caracterizou por ser um movimento cultural e literário e por desenvolver posições contrárias à liberdade de expressão.
   e) A base da filosofia iluminista é a defesa da individualidade e da propriedade privada, elementos que inspiraram o pensamento marxista.

2) Montesquieu defendeu a liberdade dos sujeitos e a contenção do poder pelo próprio poder, a fim de estabelecer o equilíbrio no seu exercício. Leia as proposições a seguir e marque a alternativa correta sobre a divisão de poder defendida por esse filósofo:
   a) Poder Legislativo, Poder Monárquico e Poder Judiciário.
   b) Poder Executivo, Poder Ditatorial e Poder Absolutista.

c) Poder Executivo, Poder Legislativo e Poder Judiciário.
d) Poder Judiciário, Poder Legislativo e Poder Ditatorial.

3) Analise as alternativas abaixo e marque a que está de acordo com o pensamento do filósofo Voltaire:
a) Ele defendia a tolerância quanto a culturas diferentes e um governo monárquico esclarecido e criticou o clero e o abuso de poder.
b) Ele propôs a ideia de um governo monárquico e a manutenção da intolerância religiosa e cultural.
c) Ele separou religião de política, a fim de que cada esfera cuidasse das suas respectivas atribuições.
d) Ele defendeu a liberdade de expressão, a necessidade de uma única religião e um governo soberano com pouca liberdade individual.

4) Visava a reunir os conhecimentos mais significativos da filosofia e da ciência em vários volumes, em defesa do pensamento racional e com ênfase nas descobertas científicas e tecnológicas. Leia as alternativas a seguir e marque a que corresponde ao enunciado:
a) As ideias dos pensadores Aristóteles, Kant e Diderot.
b) O pensamento dos filósofos renascentistas que defendiam a autonomia da razão.
c) O pensamento iluminista de Diderot e Sartre.
d) A *Enciclopédia*, organizada pelos filósofos Diderot e D'Alembert.

5) Considerando o pensamento de Rousseau sobre a educação, analise as proposições abaixo e marque a alternativa correta sobre o pensamento desse filósofo:
a) A educação deve ser separada de acordo com o *status* social do indivíduo.
b) O homem nasce bom, mas a sociedade o corrompe; a educação da criança deve considerar as características desse sujeito.
c) A criança deve ser entendida como um adulto em miniatura; por isso, não é possível distinguir criança e adulto.
d) Em sua maior parte, a educação deve ser técnica e com pouca ênfase na humanização.

6) De acordo com Abrão (1999, p. 287),

> *Rousseau explica, em* Do contrato, *a saída do estado de natureza apelando para uma hipótese: os homens teriam chegado a um ponto em que os obstáculos à sua conservação sobrepujaram as forças de que cada indivíduo*

dispõe para manter-se. Não têm outra saída, portanto, a não ser se unir, para juntar as forças.

Considerando essa citação, referente ao pensamento de Rousseau, leia as proposições abaixo e aponte a correta:
a) A superação do estado de natureza e a união das forças se referem à instauração do estado civil – as leis e a noção de justiça.
b) Consiste na formação de um Estado com poder absoluto, que suprimirá toda a liberdade individual.
c) O homem é incapaz de viver com a liberdade e, desse modo, a ela renuncia em favor do poder soberano.
d) A instituição de um corpo civil permite que cada sujeito tenha a liberdade de agir de acordo com a sua razão e tomar suas próprias decisões.

7) Os filósofos iluministas defenderam o direito dos homens; isso quer dizer que é natural os homens possuírem direitos à medida que se institui a vida social e criarem leis com a finalidade de garantir a justiça entre os indivíduos. Analise as alternativas a seguir e marque a que corresponde ao enunciado:
a) Declaração universal dos direitos.
b) Jusnaturalismo ou direito natural.
c) Direito com base na religião.
d) Estado soberano.

8) Considerando o pensamento de John Locke sobre a formulação das ideias, leia as alternativas abaixo e marque a correta:
a) De início, as ideias são formadas de modo simples e passam para as mais complexas.
b) As ideias são abstraídas primeiramente no modo complexo e, depois, passam para o modo simples.
c) As ideias são inatas, como afirmou o filósofo René Descartes.
d) As ideias são resultado da manifestação da liberdade de um espírito livre, como defendiam os iluministas.

9) De acordo com Kant, seu método coloca em questão aquilo que se conhece, o que pode ser conhecido e o conhecimento em si. Analise as assertivas abaixo e marque a que identifica esse método:
a) Dedutivo.
b) Dialético.
c) Hipotético-dedutivo.
d) Criticismo.

10) Um dos aspectos do pensamento de Kant são os juízos universais, que são divididos em dois tipos. No primeiro, o predicado já está contido no sujeito e, no segundo, o predicado é acrescentado ao sujeito. Com base nesse enunciado, analise as proposições abaixo e marque a alternativa que apresenta os juízos universais de Kant:
a) Juízos de valores e analíticos.
b) Juízos de fato e de valor.
c) Juízos analíticos e sintéticos.
d) Juízos sintéticos e de realidade.

Já percorremos quase todos os períodos da história da filosofia e você já pode ter uma ideia sobre alguns pensadores e o período em que eles viveram e produziram suas ideias. Quando tratamos da Era Moderna e do Iluminismo, destacamos os avanços no conhecimento científico, no âmbito da política e nas questões sociais de modo geral. Para iniciarmos nossa análise sobre a filosofia contemporânea, vamos localizá-la temporalmernte: a Revolução Francesa, iniciada em 1789, foi o evento que marcou o fim da Era Moderna e o início da Era Contemporânea.

Como vimos no Capítulo 5, a Revolução Industrial e a Revolução Francesa são dois marcos relevantes entre as mudanças ocorridas no Ocidente. A Revolução Industrial alterou o modo de produção e as relações sociais, uma vez que firmou e consolidou o **capitalismo**. A ciência passou a contribuir para aperfeiçoar a técnica, a qual foi aplicada ao sistema produtivo; desse modo, os conhecimentos científicos foram incorporados aos sistemas produtivo e econômico. Para esclarecermos melhor os avanços no mundo da ciência, vamos iniciar este capítulo estudando o positivismo.

7.1 Auguste Comte

Figura 7.1 – Auguste Comte
Crédito: André Müller

Como verificamos até o momento, o desenvolvimento do pensamento ocidental ocorreu de maneira progressiva, com transformações nos âmbitos político, econômico, religioso e social de modo geral. Ao longo dos tempos, sempre esteve presente a preocupação do homem de entender a vida em sociedade e os mecanismos que a constituem. Para possibilitarmos uma melhor compreensão a esse respeito, abordaremos aqui o pensador positivista francês **Auguste Comte** (1798-1857), criador da sociologia.

Comte propôs a explicação dos fenômenos sociais de modo similar ao realizado pelas ciências naturais para a explicação do mundo físico. Isso significa que, para ele, a sociologia deveria seguir os mesmos princípios utilizados pelas ciências naturais; assim, da mesma forma que estas incorram leis rígidas, as explicações sociais também deveriam seguir leis determinadas, pois a sociedade é um organismo, e sua funcionalidade se assemelha à de um organismo físico ou mecânico.

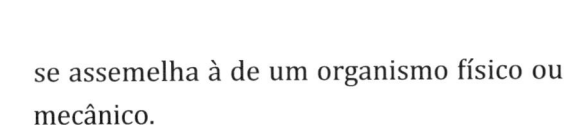

O **positivismo** se caracteriza como a primeira corrente do pensamento sociológico, inicialmente denominado de **física social**. Essa corrente defende a neutralidade da ciência e as explicações da realidade com base em elementos observáveis e experimentáveis:

> O positivismo sustenta que a ciência deveria estar preocupada somente com entidades observáveis que são conhecidas diretamente pela experiência. Baseando-se em cuidadosas observações sensoriais, pode-se inferir as leis que explicam a relação entre os fenômenos observados. Ao entender a relação causal entre os eventos, os cientistas podem então prever como os acontecimentos futuros ocorrerão. Uma abordagem positivista da Sociologia acredita na produção de conhecimento sobre a sociedade, baseada em evidências empíricas tiradas a partir da observação, da comparação e da experimentação. (Giddens, 2005, p. 28)

Para explicar o processo evolutivo da humanidade, Comte desenvolveu a lei dos três estágios, sendo eles: **teológico**, **metafísico** e **positivo**.

> No **estágio teológico**, as explicações sobre os fatos e os fenômenos residem no ordenamento do poder divino, ou seja, Deus é o responsável pelos acontecimentos, e o homem não pode interferir neles. No **estágio metafísico**, as explicações têm caráter natural e sobrenatural. Por fim, o **estágio positivo** marca a superação dos estágios teológico e metafísico: considerando os avanços da ciência moderna, Comte aplica os princípios científicos para explicar o mundo social, com base na observação e na busca de leis imutáveis.

Também é fundamental destacarmos a exaltação do positivismo com relação à **coesão social** e à **convivência harmoniosa** entre os indivíduos na sociedade. Além de se pensar em explicações observáveis e racionais da realidade, há a aceitação da sociedade capitalista e dos ideais burgueses, com a ressalva de que os capitalistas deveriam ser moralizados, o que traria um maior equilíbrio social e, consequentemente, uma sociedade mais harmônica. A organização social deve seguir a ideia de "prever para prover", quer dizer, **a sociedade deve ser organizada (organicismo)**, a fim de corrigir os problemas sociais. Comte também tentou transformar a filosofia positiva em uma religião, inclusive com calendário próprio e instituição de dias santos, dedicados a pensadores do passado.

7.2 Georg Hegel

O pensamento do alemão **Georg Wilhelm Friedrich Hegel** (1770--1831) é um referencial em termos de **racionalismo**, uma vez que tentou **aproximar a filosofia da realidade**. Ele demonstra isso em suas obras *Princípios da filosofia do direito* (1820) e *Fenomenologia do espírito* (1807), tendo escrito também sobre história da filosofia e estética. Hegel percebia a realidade como **espírito** e, desse modo, ela é perceptível como **movimento**. Esse movimento é entendido como **dialética** e suas fases – **tese, antítese** e **síntese**. Como a realidade não é estática e se encontra em constante movimento, a dialética se apresenta em forma de espiral, em que a síntese não é o fim, mas uma nova proposição/tese – a antítese se contrapõe à tese e, consequentemente, temos um novo elemento, a síntese.

Outro ponto relevante do pensamento de Hegel é a ideia sobre a **história**. Esta pode ser entendida como o **desenvolvimento do espírito no tempo**, em movimento, em que ocorrem os fenômenos sociais e suas contradições, ou seja, o movimento dialético.

7.3 Arthur Schopenhauer

A filosofia do alemão **Arthur Schopenhauer** (1788--1860), inicialmente, esteve voltada para uma crítica à filosofia de Hegel – a de que ela estaria direcionada aos interesses políticos do Estado e abriria precedentes para legitimar qualquer forma de poder.

A filosofia de Schopenhauer tem o ponto de partida na ideia do **mundo como representação**; assim, o homem conhece a realidade a partir da sua **percepção**, o que significa que a realidade não é conhecida tal e qual ela é. Como, para se obter o conhecimento, é necessário existir, o conhecimento abstraído pelo sujeito pode ser ilusório, mas é possível conhecer a realidade de modo **intuitivo**. Schopenhauer tem a percepção do indivíduo de forma pessimista, e a saída para ele superar seu estado de "miséria" seria a **estética**, o que abordaremos em capítulo posterior.

7.4 Friedrich Nietzsche

A filosofia do alemão **Friedrich Wilhelm Nietzsche** (1844-1900) é uma crítica consistente aos valores morais de sua época na sociedade ocidental. Para ele, não há como delimitar de forma absoluta o que é **bem** e o que é **mal**; assim, as ideias sobre essas questões e os fundamentos morais que as envolvem são invenções dos homens, não de Deus. Nietzsche se contrapôs, sobretudo, à **moral cristã** ("moral de rebanho"), que retirou do indivíduo a capacidade autônoma de ser forte e o tornou fraco, escravo da moral.

Como o filósofo rejeita a moral e realiza uma crítica pesada à civilização ocidental, ele caminha para o **niilismo**, quer dizer, não crer em nenhuma moral, mencionando a morte de Deus e negando o Seu ser absoluto. Em sua obra, além de abordar questões sobre a moral, Nietzsche desenvolveu ideias sobre política, religião, estética, entre outros temas.

7.5 Ludwig Wittgenstein

A filosofia do austríaco **Ludwig Wittgenstein** (1889-1951) tem como principal objeto de investigação a **linguagem**. Como afirma Castro (2011, p. 104, grifo do original),

> *Ele aborda o significado em termos de uso normal de expressões em situações corriqueiras; os **jogos de linguagem** são diversos, tão diversos como as **formas de vida** que os utilizam. As funções e propósitos dos jogos de linguagem obedecem a regras, criadas e modificadas conforme as circunstâncias e de acordo com as necessidades humanas.*

A linguagem tem a função de **comunicar**, e tal função deve sempre aparecer da forma mais clara possível; a palavra apresenta um significado diante do contexto ou do objetivo em questão. Desse modo, quando se aborda a ideia de **significado** considerando a linguagem cotidiana, há uma aproximação com a realidade, pois a linguagem se altera de acordo com as necessidades do homem em determinado contexto e época.

7.6 Círculo de Viena e Escola de Frankfurt

O chamado **Círculo de Viena** data dos anos 1920 e 1930, quando filósofos como **Rudolf Carnap** (1891-1970), **Herbert Feigl** (1902-1988), **Otto Neurath** (1822-1945) e **Friedrich Weismann** (1834-1914) se reuniam para discutir sobre a ciência. As discussões giravam em torno do papel da filosofia perante a ciência, sobretudo em uma visão crítica sobre os limites da ciência, o alcance desta e o método científico. As ideias desses filósofos foram divulgadas em 1929, em um documento intitulado *A concepção científica do mundo: o Círculo de Viena*. Após a anexação da Áustria pela Alemanha, esses filósofos passaram a ser perseguidos pelo nazismo, e vários deles foram para os Estados Unidos e contribuíram para o desenvolvimento da filosofia analítica.

A chamada **Escola de Frankfurt** também surgiu no início dos anos 1920, e seus principais filósofos foram **Walter Benjamin** (1892-1940), **Jürgen Habermas** (1929), **Erich Fromm** (1900-1980), **Herbert Marcuse** (1898-1979), **Max Horkheimer** (1895-1973) e **Theodor Adorno** (1903-1969). Embora cada um desses filósofos tenha sua própria filosofia, o objeto de pesquisa deles se deu a partir de uma **crítica social**, tendo como pano de fundo a filosofia de Marx e a psicanálise de Freud. Desse modo, a crítica dos filósofos da Escola de Frankfurt gira em torno do **modelo de sociedade de base econômica capitalista** e da **indústria cultural**, na qual a cultura se torna um produto e é comercializado. Assim, o indivíduo se coloca em uma condição de alienação, age sem consciência e consome os produtos criados por uma indústria dominante.

Exercícios

1) Leia as assertivas abaixo e assinale a alternativa correta sobre os eventos que marcaram grandes transformações no final da Era Moderna e refletiram em grande escala na contemporaneidade:
   a) Revolução Industrial e Revolução Russa.
   b) Revolução Industrial e Revolução Francesa.
   c) Revolução de 35 e Revolução Francesa.
   d) Revolução Gloriosa e Revolução Tecnológica.

2) Para Augusto Comte, a humanidade passou por três estágios de aperfeiçoamento intelectual. Leia as alternativas abaixo e marque a que corresponde a essa ideia:
   a) Positivo, racionalista e filosófico.
   b) Científico, teológico e empirista.
   c) Metafísico, filosófico e mitológico.
   d) Teológico, metafísico e positivo.

3) "[...] sustenta que a ciência deveria estar preocupada somente com entidades observáveis que são conhecidas diretamente pela experiência. Baseando-se em cuidadosas observações sensoriais, pode-se inferir as leis que explicam a relação entre os fenômenos observados" (Giddens, 2005, p. 28). Considerando esse enunciado, analise as proposições abaixo e marque a que corresponde ao conceito descrito nessa citação:
   a) Positivismo.
   b) Romantismo.
   c) Racionalismo.
   d) Historicismo.

4) Entendemos como tese, antítese e síntese a ideia de que a realidade não é estática, encontra-se em constante movimento e apresenta-se na forma de espiral. O enunciado faz referência ao pensamento de Hegel. Leia as alternativas abaixo e marque a que representa corretamente essa ideia:
   a) Ciência positiva.
   b) Materialismo histórico.
   c) Filosofia analítica.
   d) Dialética.

5) Analise as proposições abaixo e marque a alternativa correta sobre a ideia de conhecimento de acordo com Schopenhauer:
   a) O conhecimento da realidade ocorre a partir da sua percepção, o que significa que a realidade não é conhecida tal e qual ela é – o objeto é conhecido pelo sujeito.
   b) O conhecimento é absoluto, e o sujeito pode abstrair a realidade em sua totalidade.
   c) O conhecimento somente será possível se for experienciado, apenas a partir daquilo que possa ser comprovado cientificamente.
   d) A abstração da realidade é uma representação mental que corresponde, de forma verdadeira, à relação entre a ideia e o objeto.

6) Analise as assertivas a seguir e marque a alternativa **incorreta** com relação ao pensamento de Nietzsche:
   a) Não é possível delimitar de forma absoluta as noções de bem e de mal.
   b) Ele criticou de forma intensa a moral da sociedade ocidental, colocando em dúvida os valores desta.
   c) Defendeu a moral cristã, que, segundo ele, fortaleceu a capacidade criativa do homem e o libertou da moral opressora.
   d) Em seu pensamento, rejeita a ideia de um ser absoluto, ou seja, Deus, e chega a anunciar Sua morte.

7) Leia a citação a seguir:

   Os problemas filosóficos devem ser elucidados levando-se em conta os usos das palavras e expressões que incluem. Dessa forma, a maioria dos problemas tradicionais não seriam resolvidos, mas dissolvidos. Quando se examina o uso concreto das expressões, percebe-se que em grande parte dos casos os equívocos resultam de confusões, falsas analogias, semelhanças superficiais, incapacidade de perceber distinções. (Marcondes, 2013, p. 320)

Assinale a alternativa que relaciona corretamente os estudos de Wittgenstein ao pensamento de Marcondes:
a) Linguagem.
b) Silogismos lógicos.
c) Analogia.
d) Proposições analíticas.

8) Analise as afirmativas abaixo e marque a correta sobre o propósito do Círculo de Viena:
a) Tinha como objetivo discutir questões sobre a ciência e sua consolidada supremacia sobre os outros tipos de conhecimento.
b) Visava a discutir o papel da filosofia diante da ciência, o método científico e o alcance do progresso científico.
c) Propunha-se a criar novos métodos e concepções, com a finalidade de fortalecer a filosofia em relação às ciências naturais.
d) Seu principal objeto de discussão era o conceito de história proposto pelo filósofo alemão Hegel.

9) Leia a citação a seguir:

Afastam-se do cientificismo materialista, da crença na ciência e na técnica como condições da emancipação social, pois o progresso se paga com o desaparecimento do sujeito autônomo, engolido pelo totalitarismo uniformizador da indústria cultural ou da sociedade unidimensional. (Aranha; Martins, 2003, p. 150)

Leia as alternativas abaixo e marque a que corresponde aos defensores da ideia proposta:
a) Círculo de Viena.
b) Filosofia analítica.
c) Iluministas.
d) Escola de Frankfurt.

10) A arte, o cinema e a música, entre outras produções, passaram a fazer parte do mercado de consumo. Tudo passa a ser produzido em função de um valor financeiro, e a produção é padronizada. Além disso, o tipo a ser consumido é predefinido e produzido e consumido em massa. Leia as proposições abaixo e marque a que se relaciona às ideias desse enunciado:
a) Indústria cultural.
b) Indústria da moda.
c) Padrões de estética.
d) Mercado-padrão.

Você sabe qual é o **sistema econômico** adotado na maior parte das sociedades atuais? Já ouviu falar de baixos salários, desemprego e desigualdades sociais? E já pensou sobre o mercado consumidor, com a riqueza e as maravilhas que esse sistema apresenta e proporciona? Será que todas as pessoas vivem bem nas sociedades atuais, ou seja, alimentam-se adequadamente, têm acesso à educação e à saúde etc.? Tomando como base essas questões, reflita sobre a imagem abaixo (Figura 8.1) para iniciarmos o estudo sobre a obra de Karl Marx.

Figura 8.1 – Favela e condomínio de luxo

Crédito: Delfim Martins/Pulsar Imagens

8.1 Contexto histórico

Karl Marx (1818-1883) nasceu na Alemanha, na cidade de Tréveris, estudou na capital, Berlim, e cursou doutorado em Lena. Trabalhou na redação de uma gazeta liberal em Colônia. No ano de 1842, foi para Paris, onde conheceu **Friedrich Engels** (1820--1895), com quem desenvolveu inúmeros escritos. Em razão de suas ideias incisivas e questionadoras em relação ao sistema capitalista, foi expulso da França no ano de 1845. Foi para Bruxelas, na Bélgica, e passou a participar da Liga dos Comunistas; em 1848, com Engels, escreveu *Manifesto do Partido Comunista*. A base da análise marxista em parceria com Engels consiste na crítica ao sistema capitalista e na defesa da classe social do proletariado.

As principais obras de Marx são: *Miséria da filosofia* (1847), *O capital* (o primeiro volume foi publicado em 1867, e os outros dois foram organizados por Engels após a morte de Marx), *A luta de classes em França: 1848-1850* (1850), *A ideologia alemã* (edição completa publicada em 1933) e *Para a crítica da economia política* (1859).

Figura 8.2 – Karl Marx

Crédito: André Müller

Como mencionamos, Marx desenvolveu seu pensamento a partir da **crítica ao modelo capitalista**. Desde a **Revolução Industrial**, no século XVIII, o modo de produção mudou, deixando de ser artesanal e passando a ser industrial, o que alterou as **relações sociais** e o **modo produtivo**. Assim, o contexto em que Marx escreveu e pensou foi marcado por mudanças que vão além do sistema produtivo e econômico, como é o caso dos avanços da ciência e das implicações políticas para o mundo de sua época.

8.2 As origens históricas do capitalismo

O sistema capitalista se solidificou na Revolução Industrial, mas o capitalismo surgiu antes disso, a partir do momento em que ocorreram a **consolidação da propriedade privada** e o **acúmulo de riquezas por parte de alguns**. Houve o fortalecimento do comércio e o surgimento de novas religiões – além da Igreja Católica –, as chamadas religiões protestantes, as quais passaram a ser mais flexíveis em relação ao acúmulo de capitais, retirando dessa prática o atributo de pecado defendido pelos católicos.

Sob essa perspectiva, podemos identificar, desde o início da Era Moderna até os nossos dias, que o capitalismo se intensificou, se consolidou e é vigente quase na totalidade das sociedades existentes na atualidade. Devemos lembrar que, nas sociedades capitalistas, o limite para o lucro é imposto pelo próprio sistema. Assim, quanto mais a pessoa lucrar, melhor, pois ela estará acumulando mais riqueza e sua liberdade dependerá da condição econômica que ela tiver. É claro que não podemos nos esquecer das leis, que, por sinal, existem em todas as sociedades. Por exemplo: no Brasil, se uma pessoa tem uma grande empresa com alta lucratividade, sua responsabilidade em relação aos funcionários é cumprir a lei, ou seja, pagar ao menos um salário mínimo. Isso é o que pode ocorrer apesar de, com o faturamento da empresa, ser possível pagar o dobro aos funcionários. Assim, a dona da empresa pode se perguntar: Por que eu deveria pagar além daquilo que manda a legislação? Essa pessoa pode escolher pagar sempre o mínimo possível, seja aquilo que manda a lei, seja aquilo que estipula o mercado.

8.3 As classes sociais

Você sabe como são classificadas as classes sociais no Brasil? Será que essa classificação ocorre somente com a divisão simples entre pobres e ricos? Para esclarecermos melhor essa questão, vamos examinar o pensamento de Marx e, paralelamente, verificar algumas questões sobre a sociedade brasileira.

No que se refere às classes sociais, o ponto de partida para a compreensão de Marx são as **desigualdades sociais**, que têm a origem na **posse** e na **não posse**. Vamos trazer essa questão para a nossa realidade: Sua família tem uma empresa? Se a resposta for "sim", significa que sua família é proprietária de meios de produção ou de prestação de serviços e que ela depende de outras pessoas para desenvolver os trabalhos assumidos e as remunera com salários. Por outro lado, se sua família não possui uma empresa, ela é uma não proprietária, o que significa que depende de uma empresa para trabalhar e ganhar um salário, com o qual pagará as próprias despesas.

Então, os sujeitos do mercado produtivo se classificam em **proprietários** e **não proprietários**, e é justamente da relação entre eles que surgem as desigualdades sociais. As desigualdades são resultado da **apropriação do trabalho do empregado** por parte dos empregadores, por meio de uma baixa remuneração. Essa condição gera o desequilíbrio social, ou seja, a **divisão da sociedade em classes sociais**. De acordo com Marx, a divisão de classes no sistema capitalista se dá com os **burgueses** (proprietários) de um lado e os **proletários** (não proprietários) de outro.

A relação entre burgueses e proletários produz desigualdades profundas entre as pessoas e, conforme Marx, essa desigualdade é resultado da **exploração do trabalho humano**. Assim, o burguês procura reafirmar seu direito pela propriedade privada e pela remuneração mais baixa possível, apropriando-se do maior lucro alcançável. Do outro lado, o proletário procura defender seus direitos por meio da luta contra os baixos salários e a exploração e a favor da preservação dos direitos trabalhistas, de menores jornadas de trabalho e da participação nos resultados da empresa.

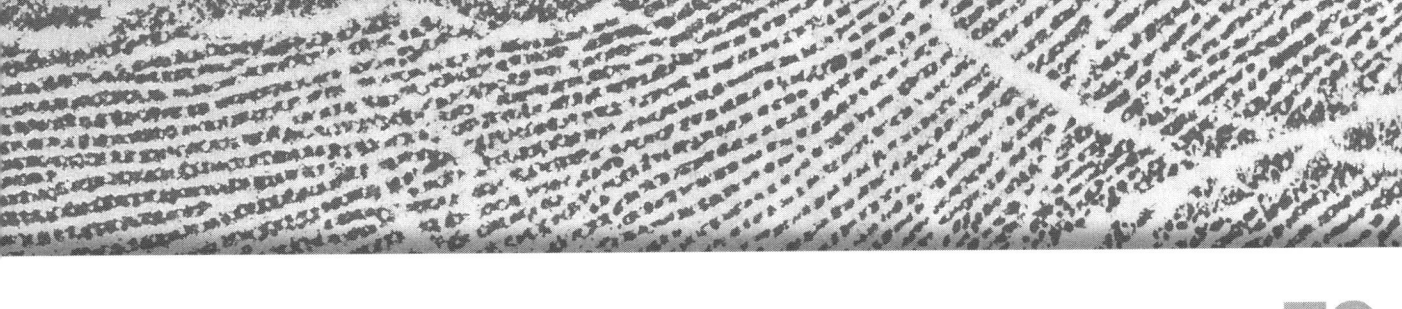

A relação entre as duas classes é marcada pela **oposição**, pelo **conflito de interesses**. Cabe ressaltar que, por mais que a relação entre as classes não seja boa, uma depende da outra. Você pode se perguntar: Como uma depende da outra, se elas são opostas? Se o proprietário dos meios de produção não tiver mão de obra disponível, ele não transformará as matérias-primas em produtos finais; da mesma forma, como o operário não dispõe de meios para produzir, ele terá de vender sua força de trabalho em troca de um salário, estabelecendo-se, assim, a relação de dependência entre eles.

8.4 Mais-valia

Quanto vale um produto? Você pode perguntar: Que produto? Aqui, pense que todos os produtos fabricados – ou produzidos – têm um **valor financeiro**, ou seja, custam um valor **x**. Bem, agora vamos escolher um produto, um par de sapatos, por exemplo. Quanto ele custa? Aqui surge outra pergunta: De que modelo? Isso ocorre porque há uma infinidade de modelos e marcas de sapatos. O fato é que, independentemente da marca ou do modelo, cada par de sapatos fabricado tem um **valor**. Você já se perguntou por que um par de sapatos custa o valor **x**? Veja: o preço que você paga na loja por um par de sapatos é calculado de forma detalhada. **Cada etapa da produção tem um custo** – a matéria-prima, o beneficiamento desta, a mão de obra, o desgaste das máquinas, o lucro do fabricante e o do vendedor e os impostos pagos ao governo. Você percebeu como o modo de produção é complexo?

Essa é a dinâmica da produção capitalista. Mas qual é a relação disso tudo com a mais-valia? Segundo Marx, onde o capitalista contrata a força de trabalho do operário, ele

> *adquire o direito de servir-se dela ou fazê-la funcionar durante **todo o dia ou toda a semana**. [...] Como vendeu sua força de trabalho ao capitalista, todo o valor, ou todo o produto, por ele [pelo operário] criado pertence ao capitalista, que é dono de sua força de trabalho, pro tempore. Por conseguinte, desembolsando 3 xelins, o capitalista realizará o*

valor de 6, pois, com o desembolso de um valor no qual se cristalizam 6 horas de trabalho, receberá em troca um valor no qual estão cristalizadas 12 horas. Se repete, diariamente, essa operação, o capitalista desembolsará 3 xelins por dia e embolsará 6, cuja metade tornará a inverter no pagamento de novos salários, enquanto a outra metade formará a **mais-valia**, *pela qual o capitalista não paga equivalente algum. Esse tipo de* **intercâmbio** *entre o* **capital** *e o* **trabalho** *é o que serve de base à produção capitalista, ou ao sistema do salariado, e tem de conduzir, sem cessar, à constante reprodução do operário como operário e do capitalista como capitalista.* (Marx, citado por Aranha; Martins, 2003, p. 267, grifo do original)

Você entendeu como funciona a mais-valia, de acordo com Marx? É um processo no qual ocorre a **exploração do trabalho humano**, em que o capitalista paga o salário abaixo daquilo que seria razoável. Dessa forma, enriquece sempre mais, enquanto o trabalhador assalariado vive precariamente.

No Quadro 8.1, apresentamos um exemplo para demonstrar como ocorre a exploração do trabalho no sistema capitalista.

Quadro 8.1 – Exemplo de mais-valia

Custo de um par de sapatos na jornada de trabalho de três horas	Custo de um par de sapatos na jornada de trabalho de nove horas
meios de produção = $ 120 + salário = $ 30 Total = $ 150	meios de produção = $ 120 × 3 = $ 360 + salário = $ 30 Total = 390/3 = $ 130

Fonte: Costa, 2005, p. 119.

Observe que, no primeiro momento, temos uma jornada de trabalho de três horas e o salário de $ 30. Na segunda situação, a jornada passa a ser de nove horas, e o salário do trabalhador continua sendo os mesmos $ 30, ou seja, o que ele passou a produzir a mais em seis horas não é remunerado, e esse valor é apropriado pelo capitalista. Segundo Marx, isso se denomina **mais-valia**. Essa dinâmica produtiva gera um sujeito alienado, conforme veremos na próxima seção.

8.5 Alienação

Possivelmente, você já ouviu dizer que uma pessoa é alienada ou, ainda, que alguém alienou alguma coisa. O que isso significa?

Como você percebeu, o termo *alienação* tem mais de um significado. Vamos verificar, em um primeiro momento, o questionamento acima considerando a seguinte proposição: você alienou um iPhone – isso quer dizer que você adquiriu ou comprou um iPhone, ou seja, passou a ter um objeto de forma legítima. Juridicamente, o termo *alienação* é usado, em geral, para designar a **posse** de alguma coisa.

E no sentido marxista? Você já viu a forma como Marx desenvolveu sua crítica ao sistema capitalista, o que remete ao questionamento sobre a alienação de uma pessoa. Assim, quando afirmamos que uma pessoa é **alienada**, queremos dizer que é **alheia à realidade**, que **ela não entende como a sociedade funciona** e que suas explicações têm como base somente o senso comum. Portanto, é aquela pessoa que tem seu emprego e, para ela, está "tudo bem", pois não questiona seu salário, suas condições de trabalho e as injustiças sociais.

De acordo com Marx, a alienação se deve ao fato de que "A indústria, a propriedade privada e o assalariamento alienavam ou separavam o operário dos 'meios de produção' – ferramentas, matéria-prima, terra e máquina – e do fruto do seu trabalho, que se tornaram propriedade privada do empresário capitalista" (Costa, 2005, p. 113).

Observe que, no sistema capitalista, o trabalhador contribui para a produção de um produto realizando apenas uma parte do processo e que o processo que envolve a produção como um todo não é do seu conhecimento, nem mesmo, muitas vezes, o produto final. Assim, ele trabalha em uma linha de produção, cuja finalidade é realizar determinados procedimentos, sem desenvolver a consciência sobre o sistema produtivo. Essa inconsciência é fundamental para se manter a exploração do homem pelo homem.

Para saber mais!

Para se aprofundar sobre esse tema, assista ao filme *Tempos modernos*.

TEMPOS modernos. Direção: Charles Chaplin. Estados Unidos: Versátil, 1936. 83 min.

Veja a Figura 8.3, que retrata a linha de produção de uma montadora automobilística; ela representa a ideia de alienação. Neste ponto, acreditamos que você já é capaz de compreender a luta de classes, a mais-valia, a alienação, enfim, a crítica marxista ao sistema capitalista.

Figura 8.3 – Linha de montagem automobilística

Crédito: ABHISHEK CHINNAPPA/Reuters/Latinstock

Exercícios

1) A ideia de conflito social é muito presente no pensamento de Marx. Sobre esse tema, leia as alternativas abaixo e marque a correta:
   a) Os conflitos são resultado das diferenças culturais existentes na sociedade.
   b) O fator econômico não é relevante no que se refere aos conflitos sociais.
   c) As desigualdades sociais são naturais e, por isso, surge o conflito.
   d) Os conflitos se originam das desigualdades sociais diante dos meios de produção.

2) De acordo com o pensamento de Marx, a sociedade é formada por classes com interesses contrários. Leia as alternativas abaixo e marque a que corresponde às duas classes:
   a) Burguesia e proletariado.
   b) Senhores e burgueses.
   c) Pobres e miseráveis.
   d) Servos e escravos.

3) Analise as proposições abaixo e marque a correta no que se refere à desigualdade social para Marx:
   a) A riqueza é distribuída de acordo com a produção individual.
   b) No capitalismo, existem oportunidades para todos, mas uns são mais capazes do que outros.
   c) A desigualdade ocorre a partir da separação entre proprietários dos meios de produção e não proprietários e pela separação da sociedade em classes.
   d) As diferenças de classes são determinadas biologicamente.

4) O sistema capitalista tem sua base em alguns mecanismos principais. Marque a alternativa que apresenta tais mecanismos:
   a) Produção, lucro e divisão igual para todos.
   b) Produção, consumo e lucro.
   c) Consumo, vendas e distribuição dos lucros aos mais pobres.
   d) Moderado percentual de lucros, produção artesanal e divisão de lucros entre proprietários e empregados.

5) É um processo no qual ocorre a exploração do trabalho humano, em que o capitalista paga um salário abaixo daquilo que seria razoável. Dessa forma, ao se apropriar do excedente da produção, o capitalista enriquece sempre mais, e o trabalhador assalariado vive precariamente. O enunciado se refere:
   a) ao socialismo.
   b) à mais-valia.
   c) à divisão da produção.
   d) ao trabalho escravo.

6) Com relação ao conceito de **alienação**, leia as proposições a seguir e marque a alternativa correta:
   a) Alienada é aquela pessoa que tem seu emprego e, para ela, está "tudo bem", pois não questiona seu salário, suas condições de trabalho e as injustiças sociais em geral.
   b) Trata-se da alienação da produção por parte do empregado.
   c) Consiste no desconhecimento do empregador sobre o processo produtivo.
   d) A produção é um processo consciente, e patrão e empregado têm uma relação justa.

7) O pensamento de Marx se caracteriza pela análise científica do(a):
   a) socialismo.
   b) comunismo.
   c) servidão.
   d) capitalismo.

8) Sobre a consolidação do sistema capitalista, é correto afirmar que ela se deu a partir:
   a) da Revolução Industrial.
   b) do Iluminismo.
   c) da Revolução Francesa.
   d) das Grandes Navegações.

9) Grande parte das sociedades capitalistas se caracteriza pelas desigualdades sociais, as quais são mais intensas nas sociedades em desenvolvimento e pobres. Desse modo, percebemos os desníveis sociais a partir da divisão:
   a) de tarefas na linha de produção.
   b) da sociedade em classes sociais.
   c) dos meios de produção.
   d) equilibrada das riquezas de um país.

10) A partir da Revolução Industrial, o trabalhador passou a vender seu tempo livre e sua força de trabalho; as tarefas são divididas, e o trabalhador não dispõe de ferramentas para realizá-las; o capitalista fornece as ferramentas, ou seja, de modo geral, ele detém os meios de produção e as matérias-primas. A contrapartida do capitalista para o empregado se dá na forma de:
a) salário.
b) compra da produção individual de cada proletário.
c) aumento da produção.
d) redução da jornada de trabalho.

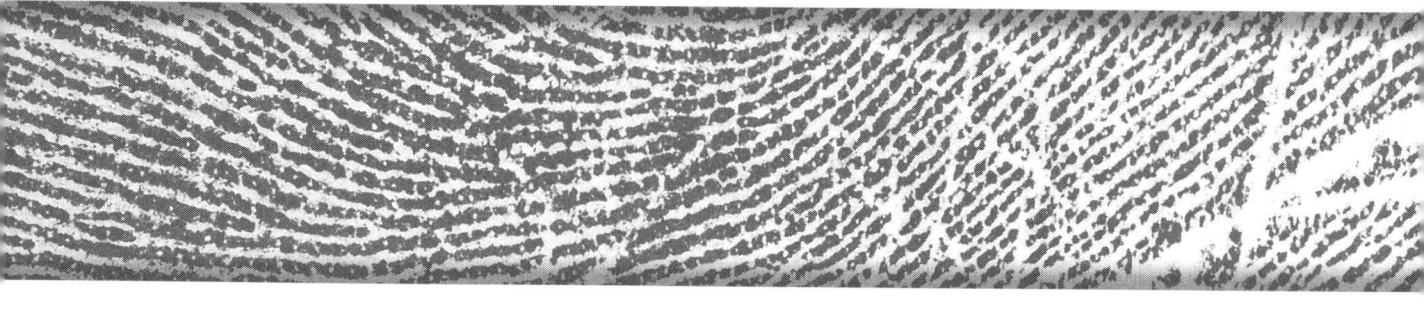

Neste capítulo, vamos tratar de um tema de extrema relevância: a **política**. Você já se perguntou sobre a utilidade da política? Qual é o regime político vigente no Brasil? Qual é o sistema de governo brasileiro? Ou você faz parte do percentual da população brasileira que tem aversão à política? Então, tendo em vista essas perguntas, vamos iniciar nosso estudo sobre a **filosofia política**.

Inicialmente, vamos tentar entender o que é **democracia**[I], pois, no Brasil, vivemos em uma democracia. De acordo com Abbagnano (2000, p. 487, grifo nosso), Aristóteles faz referência às seguintes formas de governo: "**democracia**, quando os livres governam, e **oligarquia**, quando os ricos governam e, em geral, os livres são muitos, e os ricos são poucos"[II]. Portanto, a democracia ocorre a partir da liberdade: surgiu na cidade-Estado de Atenas, fundamentada pela ideia de "governo do povo para o povo". Desse modo, a democracia se caracteriza pela liberdade e, nela, o poder político é organizado pelos membros da sociedade (cidade ou *polis*), ou seja, o povo participa das decisões políticas.

Atualmente, no Brasil, temos uma **democracia representativa**, na qual o povo elege, por meio do voto, os políticos que representam o poder e têm a função de legislar e decidir sobre os rumos da sociedade. Em nosso país, o poder se divide entre o Executivo, que tem a função de executar as leis e as ações práticas do governo, e o Legislativo, cuja função é elaborar e/ou aprovar leis vindas do Executivo. Ambos os poderes são compostos por cargos eletivos. Há ainda o Judiciário. Dessa forma, um poder não se sobrepõe aos outros, ou seja, não é absoluto. Do contrário, temos a **ditadura**, regime no qual o poder é centralizado. O ditador toma as decisões conforme seu próprio entendimento, estabelece meios de controle da comunicação, da justiça e do direito e exclui a participação dos cidadãos. Exemplo de um país que atualmente vive sob regime ditatorial é a Coreia do Norte.

Sendo os regimes democráticos ou ditatoriais, a política tem a função de ordenar a administração pública de uma cidade ou de um Estado, orientando ou impondo à sociedade civil os rumos que ela deverá seguir. Para esclarecermos melhor esse tema, vamos analisar as ideias de alguns filósofos sobre a política.

[I] *Termo de origem grega:* demo significa "povo", e cracia, "poder".

[II] *O original se encontra na obra* Política, *de Aristóteles, IV, 4, 1290b, l.*

9.1 Concepções políticas e filosóficas

A princípio, abordaremos novamente os filósofos gregos, pois é nos gregos antigos que encontramos o ponto de partida para a reflexão sobre os conceitos da democracia. Assim, Platão, em sua obra *A república*, expõe um modelo político direcionado para a formação do homem com ênfase na atividade política. A educação dos gregos se daria em fases, desde a infância, sendo a última para o exercício do poder político. De acordo com Platão, o exercício do poder se dá pelos melhores – é o chamado **poder aristocrático**.

Aristóteles, em sua obra *Política*, entende que o homem é um "ser político por natureza" – é um "animal político". A *polis* (cidade) é o espaço em que os indivíduos convivem uns com os outros; também por natureza, o homem é um ser social: "O homem encontra sua felicidade (*eudaimonia*) na *polis*, e como esse bem é seu fim por natureza, é por natureza que se radica sua função na *polis*. Mais que sua subsistência, a *polis* fornece-lhe a completude vital para a sua realização, e isso com a palavra (*logos*) e por meio da palavra" (Bitar, 2002, p. 73).

A *polis* é onde acontece a vida do homem, por isso a organização política da vida social visa ao bem, em que a comunidade é regida pela lei e pela justiça. Assim, caminha-se para a organização da vida social na cidade e aproxima-se a ética da política, as quais, segundo Aristóteles, estão ligadas.

Na **Idade Média**, como vimos anteriormente, o centro de todas as coisas era Deus e, desse modo, o poder também vem Dele. Como a Igreja estava acima do poder civil, foi legitimada essa ideia de que o poder vinha de Deus. Assim, muitos representantes do poder civil transmitiam a imagem de que o poder de que usufruíam era de origem divina. Tal ideia também perdurou depois da Idade Média, nos **Estados absolutistas**.

A noção de política avançou de forma mais intensa a partir dos estudos de **Nicolau Maquiavel**, considerado o fundador da ciência política moderna. Suas principais obras sobre esse tema são *O príncipe* (1532) e os *Discursos sobre a primeira década de Tito Lívio* (1531). Na primeira obra, explica como o governante deve agir para se manter no poder; o autor foi interpretado de forma maldosa, o que deu origem ao adjetivo *maquiavélico* (dissimulado, calculista etc.). Porém, ao analisar o passado e sua época, Maquiavel escreveu como os homens realmente são –

dissimulados, ávidos por vantagens e pautados pela conveniência para satisfazer seus interesses.

Ainda segundo Maquiavel, como a natureza humana está inclinada a ações maldosas, o governante deve sempre estar atento no exercício do poder, a fim de não ser surpreendido pelos opositores. Desse modo, para manter o povo fiel, são necessárias boas leis e bons costumes (educação, religião e moral) e, se isso não bastar, o governante deverá se utilizar das armas.

Para **Thomas Hobbes**, em sua obra *Leviatã* (1651), o homem naturalmente concorre com seus iguais e, assim, instaura-se o **estado de guerra**, em que prevalece a força. Ele afirma que "o homem é o lobo do próprio homem (*homo homini lupus*)" (Hobbes, citado por Cotrim, 2002, p. 301). Para superar o estado de guerra, o homem abandona a liberdade individual e é instituído um contrato que cria o Estado, que terá a função de estabelecer a ordem, a sociedade civil.

John Locke defende a liberdade do sujeito e a propriedade privada, enquanto o Estado teria a função de preservar e garantir os meios para a liberdade. Para esse autor, a liberdade e o direito à propriedade são naturais, e o Estado deve ser liberal, a fim de não interferir na liberdade individual. Por outro lado, como vimos, **Montesquieu** propõe a divisão do poder em Executivo, Legislativo e Judiciário, em um modelo que visa ao equilíbrio das forças políticas, não permitindo que se estabeleça um poder absoluto.

Rousseau, na obra *Do contrato social* (1762), parte do princípio de que o homem é livre por natureza. A renúncia da liberdade individual ocorre a partir do contrato, isto é, o homem abandona a vontade individual e passa a seguir o que foi estabelecido pela vontade geral. Desse modo, o poder político é constituído pela vontade da comunidade; o mesmo acontece com as leis. Enfim, o intuito da organização política social é a boa convivência entre os membros da sociedade.

Sobre a noção de Estado, **Hegel** atribui a este um papel de grande relevância, pois o indivíduo é criado a partir de um conjunto de regras; por isso, o Estado é responsável por apontar os caminhos que aquele deve seguir. Para **Marx** e **Engels**, o Estado se caracteriza como um instrumento de dominação, do qual a classe dominante se apropria para manter seu poder sobre aqueles que não têm propriedade privada. Dessa maneira, as sociedades capitalistas preservam as desigualdades sociais e legitimam a dominação da classe mais abastada sobre as menos favorecidas, conforme vimos no Capítulo 8.

Ainda sobre as noções de política e Estado, é fundamental tratarmos da posição do filósofo italiano **Norberto Bobbio** (1909-2004), que realiza uma abordagem sobre os direitos humanos e a democracia, enfim, sobre a noção de um Estado democrático e da luta pela justiça e pela igualdade entre os homens livres. Considerando a liberdade uma característica da democracia, temos que "Liberdade é a qualidade de um ente, enquanto a igualdade é a relação deste ente com outros. O que aproxima e identifica igualdade e liberdade, em certo momento, é o fato de haver um ponto em comum entre ambos os conceitos" (Bitar, 2002, p. 242). Assim, os conceitos de **liberdade** e de **igualdade** se aproximam à medida que fazem parte do sujeito. Se um sujeito é livre em uma sociedade, significa que ele terá meios de buscar a igualdade em relação aos demais, o que corresponde ao caminho para a justiça e a observação do direito de todos.

Exercícios

1) A ideia de democracia surgiu com os atenienses, os quais instituíram essa forma de governo na *polis*. Analise as proposições a seguir e marque a alternativa correta sobre o significado de *democracia*:
   a) Refere-se ao governo do povo, pelo povo e para o povo.
   b) É uma forma de governo desenvolvida na Idade Média, quando a figura central do poder era o rei.
   c) É um governo de poucos e liderado pela elite.
   d) É uma forma de governo dos romanos e dos medievais liderado pela Igreja.

2) Leia as alternativas abaixo e marque a que mostra a função da política de acordo com a concepção dos gregos:
   a) Atribuem-se à política o poder e a legitimidade de um grupo de poucos em relação à maioria da população.
   b) Designa o campo da atividade humana que se refere à cidade, ao Estado, à administração pública e ao bem comum dos cidadãos.
   c) A finalidade da política consiste em instituir o governo e consolidar as ditaduras.
   d) Refere-se à divisão da população em classes sociais, com a finalidade de consolidar as diferenças sociais.

3) Considerando a política na Idade Média, examine as alternativas a seguir e marque a que corresponde à ideia de política nessa época:
   a) O homem é um animal político e, por isso, ele naturalmente organiza sua vida social.
   b) O poder vem de Deus. Desse modo, o poder civil foi dado por Deus, e quem se apropria dele é um enviado divino.

c) A ideia tinha como base a representatividade democrática, em que todos participavam do processo de escolha do governo.

d) A ideia tinha como base a ciência política e a organização racional, por meio da ordenação dos Poderes Executivo, Legislativo e Judiciário.

4) Leia o excerto a seguir:

é melhor ser mais amado do que temido ou se é melhor ser mais temido do que amado. É claro que o ideal seria a posse, ao mesmo tempo, das duas qualidades, mas é muito difícil existir uma combinação entre as duas; portanto é muito mais seguro ser temido do que amado quando se pode ter apenas uma delas. Isso porque os homens são geralmente ingratos, volúveis, fingidos, covardes ante o perigo e gananciosos. (Maquiavel, 2002, p. 208)

A contribuição de Maquiavel para o desenvolvimento do pensamento político é de grande relevância, desde a sua época até os dias atuais. Considerando o exposto, analise as proposições a seguir e marque a alternativa que corresponde ao pensamento desse filósofo italiano:

a) A maior contribuição do pensamento de Maquiavel foi unir política e religião.

b) Considerado o criador da ciência política, Maquiavel tornou a política secular e parte da organização da sociedade humana.

c) Maquiavel tornou a política demoníaca, tanto é que se atribui o termo *maquiavélico* às ações maldosas desencadeadas por políticos.

d) Para Maquiavel, a política é obra do acaso, de Deus, e os homens devem seguir o curso normal das coisas, pois não é possível interferir nela.

5) Os homens, de modo geral, agem de acordo com seus interesses, são vulneráveis e ávidos pelo poder e sempre estão em busca de vantagens a fim de satisfazer os próprios interesses.

Tendo em vista essa ideia, baseada no pensamento de Maquiavel, leia as alternativas a seguir e marque a correta:

a) Refere-se ao conceito de natureza humana.

b) Trata-se da análise maquiaveliana sobre como o príncipe deve agir para se perpetuar no poder.

c) O governante deve se utilizar da religião para superar a inclinação à maldade que o homem apresenta.

d) Trata-se da interpretação maquiavélica, a qual foi atribuída a esse filósofo.

6) Com relação ao Estado, verifique as alternativas abaixo e marque a que se refere corretamente à natureza dos regimes políticos:
a) Democracia e comunismo.
b) Racionalismo e empirismo.
c) Capitalismo e socialismo.
d) Democracia e ditadura.

7) Leia o excerto a seguir:

Em estado de natureza, os indivíduos vivem isolados e em luta permanente, vigorando a guerra de todos contra todos ou "o homem lobo do homem". Nesse estado, reina o medo e, principalmente, o grande medo: o da morte violenta. Para se protegerem uns dos outros, os humanos inventaram as armas e cercaram as terras que ocupavam. Essas duas atitudes são inúteis, pois sempre haverá alguém mais forte que vencerá o mais fraco e ocupará as terras cercadas. A vida não tem garantias; a posse não tem reconhecimento e, portanto, não existe; a única lei é a força do mais forte, que pode tudo quanto tenha força para conquistar e conservar. (Chaui, 2001, p. 372-373)

Analise as proposições abaixo e marque a alternativa que corresponde à situação mencionada:
a) Trata-se do estado civil e das suas garantias.
b) Refere-se ao estado de natureza segundo o filósofo Thomas Hobbes.
c) Retrata a sociedade organizada a partir do consenso.
d) A legitimidade do sistema reside na natureza do mais forte em proteger o mais fraco.

8) Verifique as proposições abaixo e marque a alternativa correta com relação ao Estado absolutista:
a) Tem sua base na Igreja e no poder do papa.
b) A legitimidade do poder reside nas bases da democracia e das escolhas políticas de todos.
c) Prevalecem o poder centralizado no rei, a aliança entre o rei e a burguesia e o mercantilismo.
d) Trata-se de um Estado com igualdade social e direitos estabelecidos entre os iguais.

9) Trata-se de teses de natureza política com foco no fundamento da vida em sociedade e do Estado com ênfase no acordo coletivo. Leia as alternativas abaixo e marque a que corresponde a esse conceito:
   a) Teoria contratualista.
   b) Idealismo de Platão.
   c) Governo ditatorial.
   d) Estado absolutista.

10) Considerando o pensamento de John Locke, analise as alternativas abaixo e marque a **incorreta**:
   a) Os indivíduos se unem mediante o contrato social para construir a sociedade civil.
   b) O pacto estabelece a legitimidade do poder do Estado.
   c) Os homens abandonam o estado de natureza com a finalidade de preservar a propriedade.
   d) A legitimidade consiste no poder divino, e todas as designações são resultado da vontade de Deus.

Você já ouviu falar no termo *estética*? É muito provável que sim, pois, em suas escolhas cotidianas, você analisa a estética das coisas – e mesmo das pessoas – e emite juízos estéticos. Porém, o que é esse juízo estético? Ao realizar nossas escolhas, nós avaliamos: se uma coisa ou situação é boa ou ruim, se devemos agir de tal maneira ou de outra, se um produto é belo ou não, se é de qualidade superior ou inferior etc. Portanto, estamos sempre julgando situações, avaliando-as; o mesmo se aplica quando se trata da noção de estética.

10.1 O belo e o feio

Inicialmente, para entendermos esses conceitos, é necessário termos a noção de que eles não são absolutos e de que não permanecem estáticos no tempo, ainda mais que, na sociedade contemporânea, as coisas, em geral, mudam muito rapidamente. Assim, a ideia de **beleza** segue primeiramente um conceito proposto de maneira mais ampla, por exemplo, em relação à estética do corpo: atualmente, temos na magreza um dos elementos que reconhecem a beleza de uma pessoa, mas esse parâmetro não se aplicou sempre e, em tempos anteriores, ele não era predominante.

Como o conceito de **belo** não permanece o mesmo ao longo do tempo, ele também não é o mesmo para todos os sujeitos, pois suas formas de apreciação não seguem um padrão definido. Desse modo, o belo pode ser visto como o gosto de determinado sujeito com relação à beleza ou pode ser um padrão definido dentro de um ambiente coletivo e cultural, ou seja, que agrada de forma universal. Então, existem várias maneiras de se perceber o belo, as quais devem ser reconhecidas de acordo com a época, a cultura e o lugar.

Como atualmente vivemos em um mundo consumista, a estética tem um papel relevante, sendo o Brasil o terceiro país no mundo que mais consome produtos de beleza. Isso retrata a preocupação da população brasileira com o corpo, em virtude do ideal estético predominante em nossa sociedade. No que se refere a outros tipos de produtos, a preocupação com a aparência deles não é diferente, pois um produto com uma aparência feia não custuma chamar a atenção. Assim, "um objeto, um ser, uma ação são belos quando são livres, independentes, infinitos; em outros termos, quando estão em conformidade com a necessidade única de seu conceito. Um belo objeto é verdadeiro porque é o que deve ser" (Lacoste, 1986, p. 50). Ainda conforme Lacoste (1986), o belo é uma construção que ocorre a partir daquilo que a coisa é em si, da liberdade que o conceito manifesta e dos aspectos que o objeto apresenta que o caracterizam como belo.

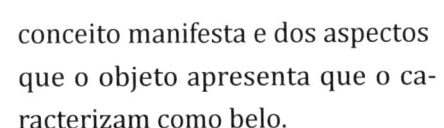

Com relação à ideia de feio, temos uma espécie de oposição ao belo: aquilo que apresenta ausência de beleza retrata a feiura, ou seja, são conceitos extremos. "O problema do feio está implícito nas colocações que são feitas sobre o belo" (Aranha; Martins, 2003, p. 370). Dessa maneira, quando uma obra de arte – ou mesmo uma coisa qualquer – se apresenta de forma perfeita, ela é bela, e, quando não corresponde aos padrões esperados ou não é bem elaborada, ela é feia.

Por isso, se analisarmos os mais variados produtos – carros, *smartphones*, *tablets* etc. –, perceberemos que é dada a eles uma ênfase na estética, cujo propósito é torná-los atrativos, para que sejam vendidos. Se um produto fracassar na estética, ou seja, se for considerado feio, automaticamente ele não será atrativo; e, por fim, essa escolha é realizada de acordo com o gosto do sujeito.

10.2 Concepções estéticas e filosóficas

A estética é um dos capítulos da filosofia. Ao longo dos anos, os filósofos se manifestaram sobre esse tema, e suas ideias seguem percepções diferentes. Para Platão, a música e a poesia seriam as formas mais elevadas de arte. Esse pensador contribuiu para problematizar a existência e a finalidade das artes do ponto de vista da filosofia. Já para Aristóteles, a arte é uma construção "do nada", ou seja, ela parte da imaginação e se concretiza, e também imita a natureza (*mimese*): "O artista, em seu processo de criação, imita a natureza, conferindo-lhe sentido" (Engelmann, 2008, p. 33).

No mundo medieval, a arte estava voltada para a religião católica e, portanto, a ideia de beleza estava associada à ideia de Deus. Sendo Deus o centro de todas as coisas, a beleza vinha Dele. As manifestações artísticas eram poucas e caracterizavam-se, assim, por incorporar elementos da religião.

No período de transição da Idade Média para a Moderna, havia uma grande riqueza em termos de produção artística. Nesse período, como vimos, ocorreram o resgate do pensamento clássico antigo e a manifestação do espírito criativo dos renascentistas. Alguns artistas dessa época são: **Michelangelo** (1475-1564), **Rafael Sanzio** (1483-1520), **Leonardo da Vinci** (1452-1519), **Ticiano** (1488/1490-1576), **Sandro Botticelli** (1445-1510), **Filippo Brunelleschi** (1377-1446), **Donatello** (1386-1466), **Giorgio Vasari** (1511-1574) e **Albrecht Dürer** (1471-1528).

A arte desse período enfatiza um universo mais terreno e humano, valoriza e expõe o corpo, mas mantém o caráter religioso, pois alguns artistas estavam envolvidos diretamente com a Igreja. Isso pode ser visto na obra abaixo, de Michelangelo, feita por encomenda da Igreja: o teto da Capela Sistina, em Roma, em que ele insere o homem da forma mais natural e em sua proximidade com Deus.

Figura 10.1 – Teto da Capela Sistina, de Michelangelo Buonarroti

Fonte: BUONARROTI, M. **Teto da Capela Sistina**. 1508-1512. Afresco, 4,023 x 1,340 cm. Palácio Apostólico, Vaticano.

No período moderno, com a ascensão do **pensamento científico** (empirismo e racionalismo), o absolutismo, o Iluminismo e a Revolução Industrial, ocoreram grandes mudanças, principalmente na Europa. Desse modo, as manifestações na esfera da arte aconteceram a partir de movimentos como o **barroco**, o **classicismo**, o **neoclassicismo** e o **romantismo**.

Além disso, com o **capitalismo** na Idade Moderna, a arte e o belo sofreram influências, pois a arte passou a ser um produto, ou seja, ela não mais bastava em si e passou a ter uma finalidade mercadológica e financeira. Tal condição se estende às concepções contemporâneas do belo.

Ainda em se tratando de filosofia e estética, **Kant** direciona suas ideias para a **condição moral do sujeito**. Uma vez que os modos de o sujeito pensar e agir estão relacionados com sua **moral**, essa condição se aplica, sobretudo, à **apreciação estética**. Para ele, a arte deveria seguir os valores instituídos pela sociedade de acordo com os valores estabelecidos com sua cultura. Para o filósofo alemão **Friedrich Wilhelm Joseph von Schelling** (1775-1854), defensor da estética **idealista**, a arte realizaria a síntese das concepções filosóficas, religiosas, éticas e políticas.

A filosofia contribui, assim, para a discussão, a reflexão sobre a arte, pois o significado de uma obra de arte é infinito, embora a obra seja finita e produto da imaginação.

Segundo **Hegel**, a **filosofia da arte** é necessária, sendo parte do conhecimento filosófico, que, por sua vez, se dá de forma gradativa. O conhecimento acontece a partir dos **conceitos**: conhecemos um conceito e, em seguida, outro, até obtermos o conhecimento absoluto. Com isso, a arte é uma **manifestação do espírito humano**, pois as pessoas têm a capacidade de criar, inventar e atribuir significados, com a finalidade de buscar a verdade. O despertar da arte no indivíduo ocorre a partir da intuição sensível, cuja essência reside no espírito humano. A imaginação desencadeia o processo de criação; a obra de arte tem seu início como ideia (imaginação) e se concretiza à medida que se realiza.

Para **Schopenhauer**, a arte tem uma função importante na vida do homem, pois, como mencionamos, o filósofo parte de uma **visão pessimista**. Para ele, o ser humano nunca se satisfaz: quando satisfaz um desejo, outro já surge e contribui para sua insatisfação. Enfim, o indivíduo não tem escolha: ele caminha em direção à derrota final – a morte. Sua vida é mergulhada na dor, no tédio, na incerteza e na impotência; diante desse panorama miserável que é a realidade humana, existe apenas uma saída. E qual seria essa saída? Para Schopenhauer, o mundo é vontade e representação e, desse modo, **a arte é a possibilidade de o homem superar os desgostos e sua impotência diante do mundo**. A experiência estética permite ao homem transcender e superar o estado de impotência, de desejos e de miséria humana, alcançando a **liberdade**.

Para Nietzsche, que foi influenciado por Schopenhauer, a ideia de **vontade** é transformada em **potencial de criação artística**. Para esse filósofo, a **aparência** tem papel fundamental, pois ela é percebida rapidamente pelos sentidos, embora não seja verdadeira. Desse modo, a percepção de uma obra de arte e, consequentemente, o significado dela têm o ponto de partida na aparência. De acordo com Nietzsche, existem duas formas de se conduzir o espírito humano: o **dionisíaco** e o **apolíneo**. O primeiro se refere à **vontade de viver**, à **paixão sensual**, das orgias e dos banquetes e à **liberdade de viver** e esquecer aquilo que impede o homem de viver. Por outro lado, o apolíneo

> *é a tendência da energia vital dos desejos e dos sentimentos para se condensar em formas bem delimitadas. Essas formas exteriorizam os conteúdos da nossa experiência, tendo por função equilibrar os seus contrastes e arrefecer os seus conflitos latentes ou manifestos. Força geradora da poesia lírica e das artes plásticas, espécies de uma mesma expressão de caráter contemplativo [...].* (Nunes, 2005, p. 67)

Assim, o caráter apolíneo é a capacidade humana de canalizar os desejos e os impulsos negativos em uma força criadora da arte e de superar os aspectos negativos da vida. É a condição que conduz o ser humano a ir além, a transformar a realidade por meio da atividade contemplativa e a enobrecer o espírito humano.

O filósofo alemão **Martin Heidegger** (1889-1976) também contribuiu com suas ideias sobre a arte. Partindo do pensamento de Hegel, ele afirma que a arte é uma forma de o povo se inserir na história, mas isso acontece independentemente do tempo histórico, ou seja, um povo sempre constrói sua identidade. Ele formulou ainda uma crítica sobre a arte moderna, que se caracteriza pela técnica e pela ciência, afirmando que a arte se tornou um produto, de modo a atender aos interesses do mercado capitalista.

Exercícios

1) Assinale a alternativa correta sobre o pensamento estético de Platão:
   a) A contribuição do filósofo para a filosofia da arte consistiu em transformar em um problema filosófico a finalidade e a existência das obras de arte.
   b) O idealismo platônico levou o homem antigo a perceber a perfeição do mundo real e a imperfeição do mundo ideal.

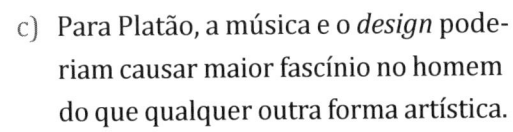

c) Para Platão, a música e o *design* poderiam causar maior fascínio no homem do que qualquer outra forma artística.
d) Segundo o pensador grego, a ideia de *catarse* transformaria as paixões em energia criadora, cuja força resultaria na virtude e na contemplação.

2) Segundo o pensamento de Aristóteles, a arte pode ser percebida de duas formas: como "construção do nada", ou seja, ela se assemelha à natureza, que também cria a partir do nada, e assim é o artista que lança uma ideia e a concretiza com obra de arte, e como uma cópia fiel da realidade. Considerando as ideias acima, identifique a alternativa que corresponde aos conceitos propostos por Aristóteles:
a) *Philos-sophia* e *nous*.
b) *Poiésis* e *mimesis*.
c) *Arché* e *anamnese*.
d) *Cogito* e *poiésis*.

3) Analise as proposições a seguir, referentes ao período medieval, e marque V (verdadeiro) ou F (falso):
( ) A maneira de pensar fundamentada no modelo greco-romano foi substituída pela tradição cristã.
( ) O belo emana de Deus, portanto Deus é a única fonte de beleza e com capacidade criadora.
( ) O homem medieval desenvolveu sua capacidade racional de maneira profunda, e isso pode ser observado na superação da filosofia em relação à teologia na Idade Média.
( ) As ideias cristãs estavam começando a se consolidar no mundo ocidental e, nesse novo mundo que surgia, a arte e a filosofia não tinham grande influência.

A sequência correta é:
a) F, V, V, F.
b) V, V, V, F.
c) F, V, F, V.
d) V, V, F, V.

4) Partindo do princípio de que não podemos definir o belo de forma absoluta, analise as proposições que seguem e, considerando as diferentes concepções filosóficas sobre o belo, marque V (verdadeiro) ou F (falso):
( ) De acordo com a concepção medieval, o belo é um atributo divino.
( ) A noção sobre o belo ocorre sob a perspectiva individual e é percebida pelos sentidos, não pela razão.
( ) O belo se caracteriza por agradar universalmente, mesmo que não possa ser intelectualmente justificado.
( ) Segundo Hegel, o sentimento de agrado deve ser completamente direcionado a um interesse, ou seja, referir-se a um desejo.

A sequência correta é:
a) F, F, V, F.
b) V, F, F, V.
c) V, F, V, F.
d) V, V, V, F.

5) Com base no pensamento kantiano, verifique as proposições abaixo e assinale a correta:
   a) O ser humano, como sujeito ético, deve agir de acordo com a razão, o que significa que ele não necessita ter consciência do agir ético, pois as ações humanas de natureza ética não se manifestam como dever.
   b) A moral influencia diretamente a maneira de o indivíduo agir, comportar-se e pensar em uma sociedade, e tal influência é manifestada quando da apreciação e da criação de uma obra de arte.
   c) A estética determina o padrão ético e moral do homem em uma época, o que significa que não é o indivíduo quem define os padrões estéticos e morais, mas os fenômenos em si que se sucedem.
   d) A obra de arte e a filosofia da arte têm a mesma finalidade, que é julgar a arte com base nos parâmetros morais vigentes em determinada sociedade.

6) Considerando as concepções filosóficas de Hegel, marque V (verdadeiro) ou F (falso):
   ( ) O conhecimento filosófico se manifesta de maneira gradativa; assim, o sujeito cognoscente abstrai um conceito, em seguida, outro, e assim sucessivamente.
   ( ) O absoluto é a realidade pensada exclusivamente a partir de uma perspectiva.
   ( ) A finalidade última da arte é a busca da verdade como resultado da manifestação do espírito.
   ( ) O conhecimento filosófico parte do pensamento, e isso possibilita conceber os objetos como conceitos.

   A sequência correta é:
   a) V, F, V, V.
   b) V, F, F, V.
   c) F, F, F, V.
   d) F, V, V, F.

7) Considerando-se o pensamento de Schelling, é **incorreto** afirmar:
   a) Podemos entender a filosofia da arte como a soma dos discursos filosóficos, religiosos, éticos e políticos.
   b) O significado de uma obra de arte é infinito, pois as interpretações sobre ela podem se dar de inúmeras formas.

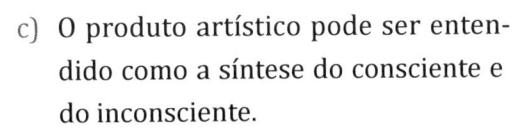

c) O produto artístico pode ser entendido como a síntese do consciente e do inconsciente.
d) A obra de arte tem sua gênese na imaginação e se torna finita quando concretizada. Assim, é possível afirmar que seu significado é finito e absoluto.

8) A filosofia de Schopenhauer é compreendida pelo pessimismo que o filósofo manifesta com relação à existência humana. Para ele, existe somente uma forma de o homem superar o tédio, a tristeza e a dor. Assinale a alternativa que especifica corretamente o meio pelo qual o homem pode superar sua própria miséria:
a) A razão é a forma que o homem pode utilizar para entender a origem de suas frustrações e buscar solucioná-las.
b) Somente a partir da experiência estética e da ascese o homem é capaz de superar as manifestações negativas com que se depara em sua existência.
c) A experiência religiosa permite a superação da dor e do tédio, conduzindo o homem à transcendência.
d) O conhecimento ocasiona a ausência do tormento e a busca ordenada pela construção dos conceitos artísticos.

9) A concepção estética de Nietzsche segue a influência de duas perspectivas: a primeira diz respeito a um estado de êxtase, obtido nas orgias e nos banquetes, em que o espírito se embriaga de saúde e vontade de viver, de paixão sensual, e faz o homem ver a possibilidade de viver em harmonia com a natureza; a outra ideia consiste na força latente que impulsiona o homem a compreender a realidade ou, pelo menos, a buscar um entendimento sobre ela, minimizando os conflitos que enfrenta no cotidiano. Essa é a força que impulsiona a criação da poesia lírica e das artes plásticas. Considerando esse enunciado, assinale a alternativa que apresenta as duas concepções que, segundo o filósofo alemão, são diferentes condicionantes da concepção estética:
a) A filosofia da arte e a ciência.
b) O dionisíaco e o apolíneo.
c) O espírito de Zeus e a religião antiga.
d) O hedonismo e o dionisíaco.

10) A filosofia da arte de Heidegger, se comparada com a dos filósofos que o antecederam e mesmo com a dos seus contemporâneos, é marcada por uma postura crítica diante do fim da arte moderna. Analise as proposições abaixo e marque a que faz referência à crítica manifestada por Heidegger:

a) A arte moderna é inferior às artes grega e renascentista, pois se caracteriza muito pela técnica e pela ciência e não revela mais a expressão de um povo, de modo que se tornou mercantilista, deixando de ter um fim em si mesma.

b) A concepção estética da modernidade é a mais bem elaborada de todas as épocas, pois deixou de ser um objeto de comércio e passou a atender a fins exclusivamente artísticos.

c) O significado atribuído a uma obra de arte é infinito, o que quer dizer que é eterna; dessa forma, é possível afirmar que a arte é a-histórica e que um povo não se insere na história por meio dela.

d) Heidegger exaltou a finalidade da arte moderna como mercadoria, pois o sistema capitalista tem como finalidade última o lucro; assim, se uma obra de arte não é viável comercialmente, ela perde toda a sua finalidade e se torna vazia.

O que representa a palavra *ética*? Você já se perguntou sobre o que é ética? Você já se questionou se, em determinada situação, agiu ou não de forma ética? Na mídia, seguidamente nos deparamos com abordagens éticas, principalmente na política. Mas de que forma tais abordagens refletem nas atitudes das pessoas na sociedade atual? Você já ouviu dizer que temos liberdade? Já se questionou se você é realmente livre?

Tendo em vista essas questões, vamos desenvolver o siginifcado de *ética* e o que isso implica em nosso cotidiano. No momento atual, vivemos em uma democracia no Brasil, em que as pessoas têm liberdade de ir e vir, direitos e igualdade perante a lei, conforme a Constituição Federal de 1988: "Art. 5º Todos são iguais perante a lei, sem distinção de qualquer natureza, garantindo-se aos brasileiros e aos estrangeiros residentes no País a inviolabilidade do direito à vida, à liberdade, à igualdade, à segurança e à propriedade [...]" (Brasil, 1988).

A Constituição de 1988 foi um grande avanço para a sociedade brasileira, pois estabeleceu diretrizes com a finalidade de garantir os direitos dos cidadãos, ou seja, estabeleceu parâmetros para guiar as ações das pessoas em sociedade. Ainda que anteriormente existissem leis, a partir de 1988, foi inaugurada no Brasil uma nova fase, com ênfase na construção de uma sociedade mais equilibrada (lembre-se de que, até poucos anos antes, o país vivia sob uma ditadura civil-militar). Desse modo, a lei tem a finalidade de garantir a justiça em uma sociedade, e é a partir dela que se torna possível mensurar as ações das pessoas e, por meio do Poder Judiciário, julgar os atos dos sujeitos quando necessário.

Para um melhor entendimento desse aspecto, podemos citar aqui algumas leis. Por exemplo: no trânsito, é obrigatória a observância da sinalização e, quando isso não acontece, tal fato gera uma punição, no caso, uma multa. Com relação às leis trabalhistas, o salário mínimo é a medida mínima que um trabalhador deve receber por seus serviços prestados a uma empresa. Desse modo, a lei obriga os sujeitos a agir de certa maneira, sobretudo com a finalidade de garantir a justiça e a ordem social. Porém, além da lei que está escrita e compele o sujeito a agir de determinado modo – caso contrário, há uma punição –, existem outros mecanismos que atuam sobre a forma de os sujeitos se comportarem em sociedade, como veremos a seguir.

11.1 Moral e ética

Você já deve ter vivido uma situação em que teve vontade de fazer alguma coisa, mas sua consciência lhe perguntou: "Devo fazer isso ou não? Está certo ou errado?". Quando isso acontece, é nossa **consciência moral** que nos impulsiona a agir de determinada forma ou de outra. Esse questionamento vai em direção à **moral**, que podemos definir como "um conjunto de normas, aceitas livre e conscientemente, que regulam o comportamento individual e social dos homens" (Vázquez, 2000, p. 63). Assim como a lei, a moral também tem a função de direcionar as pessoas no sentido de seguir certas normas; porém, estas não são obrigatórias.

A moral apresenta normas que o sujeito aceita de forma livre e consciente, as quais se inserem em um contexto cultural, social e temporal. Portanto, a moral não é estática e varia de acordo com o tempo, a cultura e o modo de vida que uma sociedade aprova. Para melhor entendermos a noção de moral, é fundamental conhecer a cultura de um povo, pois esta é a identidade de um grupo. Desse modo, a cultura é tudo aquilo que um grupo cria material e imaterialmente: os objetos, os utensílios e as ideias. Assim, constrói-se a ideia ou o modelo de família, educação e religião, enfim, o modo de o sujeito se comportar socialmente.

A não observância de uma regra moral não gera punição, como ocorre com a transgressão legal, mas pode ocasionar o isolamento do sujeito em relação ao grupo; este não apenas rejeita a atitude do seu membro, mas o rejeita e o exclui como um todo. A **educação** e a **religião** são mecanismos que reforçam a observância da moral e levam o sujeito a distinguir entre o que deve e o que não deve fazer, o que é convencionado como certo e o que é tido como errado, caminhando, assim, em direção à ética.

Como vimos, a **lei** e a **moral** direcionam as ações dos sujeitos. Nesse sentido, a ética tem o papel de contribuir para que o homem aperfeiçoe sua conduta: "a ética é a teoria ou ciência do comportamento moral dos homens em sociedade" (Vázquez, 2000, p. 23). A ética se manifesta no sujeito à medida que este avalia suas ações, se elas estão sendo boas ou se devem melhorar. Portanto, é o meio pelo qual o sujeito procura perceber se suas ações não estão prejudicando os outros ou o meio ambiente.

Assim, a ética visa a aprimorar e melhorar o comportamento moral e social dos indivíduos, com a finalidade de tornar a convivência entre os iguais mais harmônica, aperfeiçoando suas atitudes e ações em sociedade. Agir eticamente significa agir em conformidade com a lei e com a moral, a fim de haver justiça e equilíbrio em todas as situações.

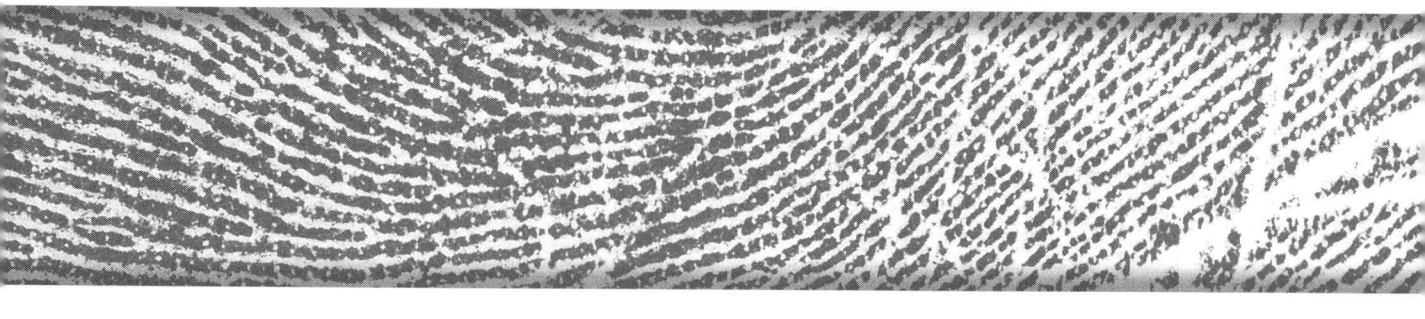

Crédito: Ivan Cabral

Embora a discussão sobre a ética esteja presente nos vários setores e instituições que compõem a sociedade, não se trata de uma discussão atual. Essa discussão vem desde a Grécia Antiga – de Sócrates, Platão e Aristóteles. Para os filósofos, a ética está associada à política, pois a política é o meio pelo qual se direciona a organização de uma sociedade, e a ética tem a finalidade de ajustar esse processo de forma justa. Segundo Aristóteles, o homem busca a felicidade (*eudaimonia*) a partir da construção de virtudes, que "consiste[m] no termo médio entre dois extremos (um excesso e um defeito). Assim, o valor está entre a temeridade e a covardia; a liberalidade, entre a prodigalidade e a avareza; a justiça, entre o egoísmo e o esquecimento de si" (Vázquez, 2000, p. 272).

O equilíbrio nas ações das pessoas as conduz à felicidade, e esse equilíbrio somente será possível se elas levarem uma **vida virtuosa**. Desse modo, a virtude se constrói de maneira sábia. As atitudes sábias farão com que o indivíduo supere seus apetites e não se deixe levar pelas paixões momentâneas; significa que o indivíduo tem domínio sobre si. Em síntese, uma vida virtuosa e sábia vai conduzi-lo à felicidade.

A ética, como concepção filosófica, tem um papel relevante para Kant. Para o filósofo alemão, a ética tem o ponto de partida no dever. A ideia de **dever** se refere à condição de o sujeito assumir que agir em função da lei e da moral é um dever, ou seja, uma obrigação: "Dever é a necessidade de uma ação por respeito à lei" (Kant, 1974, p. 208). O respeito à lei se dá pela **boa vontade**, ou seja, o sujeito ético age em função do dever que está impregnado em sua consciência e que o conduz a agir de tal modo. Dessa forma, a boa vontade é a condição que motiva o sujeito a agir em função da lei e dos pressupostos morais de forma racional e consciente.

A ideia de **respeito** nos direciona para a percepção do outro como fim, não como meio. Nesse sentido, o agente moral age em função do bem de si mesmo e do outro: embora exista a norma formal, a vontade de agir em função da lei e dos pressupostos morais é mais forte no indivíduo do que realmente no aspecto efetivo. Portanto, temos a construção de uma **consciência moral**, que é o parâmetro para o sujeito agir; este, por sua vez, sempre agirá em função da lei universal, do dever.

Para tal, a noção de ética se aplica à conduta do sujeito independentemente de onde ele se encontre ou da profissão que exerça. Na atualidade, a ética está muito associada à política e, como vimos, os filósofos antigos já a associavam ao campo da política. Essa noção se dá de forma mais intensa em razão das manifestações perversas que ocorrem no homem, suas inclinações que o levam a ter atitudes não éticas. Ocorre também em virtude da facilidade de comunicação e das manifestações da mídia, que abordam o tema *ética* de forma mais intensa.

Quanto à **cultura brasileira**, devemos observar que, em nosso país, há uma noção de ética teórica mais forte do que a de ética prática. É claro que não se trata de uma regra geral, mas é muito comum fazermos o que realmente não temos como deixar de fazer, pois aquilo em que é possível dar um "jeitinho" quase sempre caminha para esse modo de ação. Na política, esse modo de atuação é bem visível, uma vez que o sujeito se utiliza dos meios para benefício próprio ou dos pares e se esquece do objetivo maior, que seria agir em função dos interesses coletivos, com o propósito de ponderar os interesses de todos – eis a função da ética na política.

Exercícios

1) Verifique as proposições abaixo e marque a alternativa que corresponde ao conceito de *ética*:
   a) Consiste na reflexão sobre a ação humana para torná-la cada vez melhor.
   b) Refere-se ao modo de agir individual e, portanto, não há um padrão social para a conduta ética.
   c) Está presente formalmente, portanto, escrita em códigos e em leis.
   d) A base da ética está somente na religião, pois, para ordenar a vida social, existe a lei.

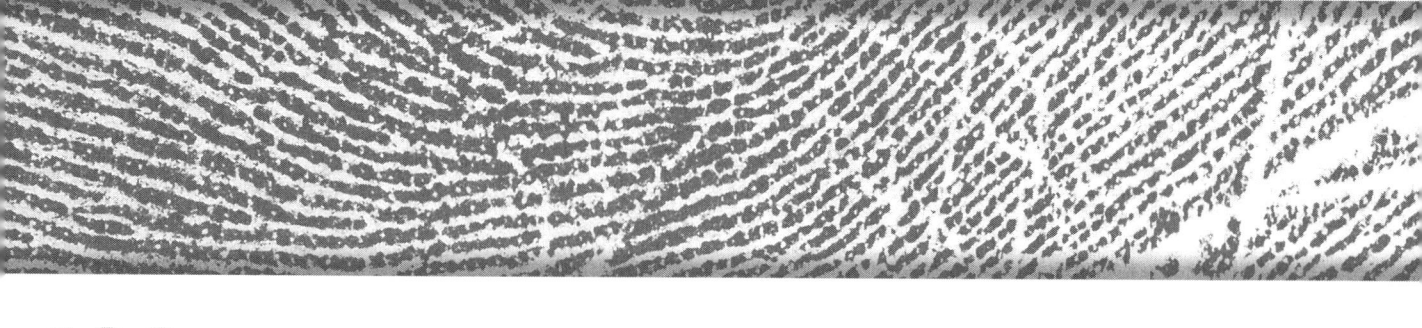

2) Analise as proposições a seguir e marque a alternativa correta com relação ao conceito de *cultura*:
   a) Entendemos por *cultura* as crenças de um povo, baseadas somente em sua religião.
   b) Compreendemos como *cultura* as ideias, a moral, os valores, a estética, as crenças, os hábitos e os costumes de um povo, enfim, os elementos materiais e imateriais que fazem parte do cotidiano de um povo em determinada época.
   c) A ideia de cultura diz respeito somente a elementos materiais, os quais o homem inventou para auxiliá-lo em suas atividades práticas.
   d) A cultura de um povo pode ser entendida como sua identidade; desse modo, os hábitos, os costumes e a estética sempre permanecem os mesmos, independentemente da época.

3) Abrange o conjunto de hábitos e costumes praticados por um grupo humano em determinada época e sociedade. Analise as alternativas abaixo e assinale a que corresponde ao enunciado:
   a) Religião.
   b) Doutrinas éticas.
   c) Moral
   d) Cultura.

4) Acordos estabelecidos obrigatoriamente entre os membros de um grupo, a fim de garantir a justiça e os direitos mínimos entre os membros de uma sociedade. Tal conceito refere-se:
   a) à ética.
   b) à justiça.
   c) aos hábitos e aos costumes.
   d) à lei.

5) Analise as proposições abaixo e marque a alternativa que corresponde à ideia de *bem* conforme Aristóteles:
   a) A realização do bem supremo consiste no prazer e no gozo proporcionados pela riqueza.
   b) Consiste em viver uma vida virtuosa e sábia, que conduzirá à felicidade.
   c) Refere-se à atuação do homem sem inteligência ou virtude.
   d) O bem maior se encontra na busca religiosa e na consolidação desta em outra vida.

6) Leia as alternativas abaixo e marque a que corresponde à ideia de *virtude* de acordo com Aristóteles:
   a) Entende-se como o meio-termo entre os extremos, ou seja, o equilíbrio.
   b) Trata-se do excesso de temperança.
   c) Caracteriza-se pela ação política em função do próprio indivíduo.
   d) Consiste na junção do vício e da ideia de felicidade.

7) A única atitude não egoísta – bem sem restrição – é a boa vontade, isto é, agir por obrigação, em função do cumprimento de um dever. Essa concepção se refere ao pensamento:
a) da ética utilitarista.
b) da ideia de dever segundo Platão.
c) da ética epicurista.
d) de fundamentos da ética kantiana.

8) A vida em sociedade requer certo controle, o que é realizado por parâmetros estabelecidos e que orientam o sujeito em suas ações, atitudes e escolhas. Desse modo, temos normas que são obrigatórias e outras que são estimuladas pela educação, todas com a finalidade de melhorar a vida em sociedade. Leia as alternativas abaixo e marque a que indica corretamente tais mecanismos:
a) Ética, política e religião.
b) Lei, moral e ética.
c) Moral, cultura e segurança.
d) Lei, política e educação.

9) Sobre o papel da ética na política, julgue as proposições a seguir e marque a correta:
a) A ética na política visa a delimitar a função dos sujeitos no exercício desta, proporcionando mais vantagens a alguns.
b) Tem a finalidade de ponderar os interesses de muitos, a fim de estabelecer o equilíbrio nas ações dos sujeitos.
c) Visa a delimitar a área de atuação do político profissional e do cidadão em determinada sociedade.
d) A ética e a política se relacionam de forma distinta: cada uma tem sua função e uma não interfere na outra.

10) O pensamento de Kant está voltado para a construção de uma ética que conduza o agente a desenvolver a boa vontade em observar as leis e as normas morais, bem como a perceber o outro como um fim, não como um meio para sua realização. Leia as proposições abaixo e marque a alternativa correta sobre o ponto de partida da ética kantiana:
a) Empatia.
b) Dever.
c) Felicidade.
d) Liberdade.

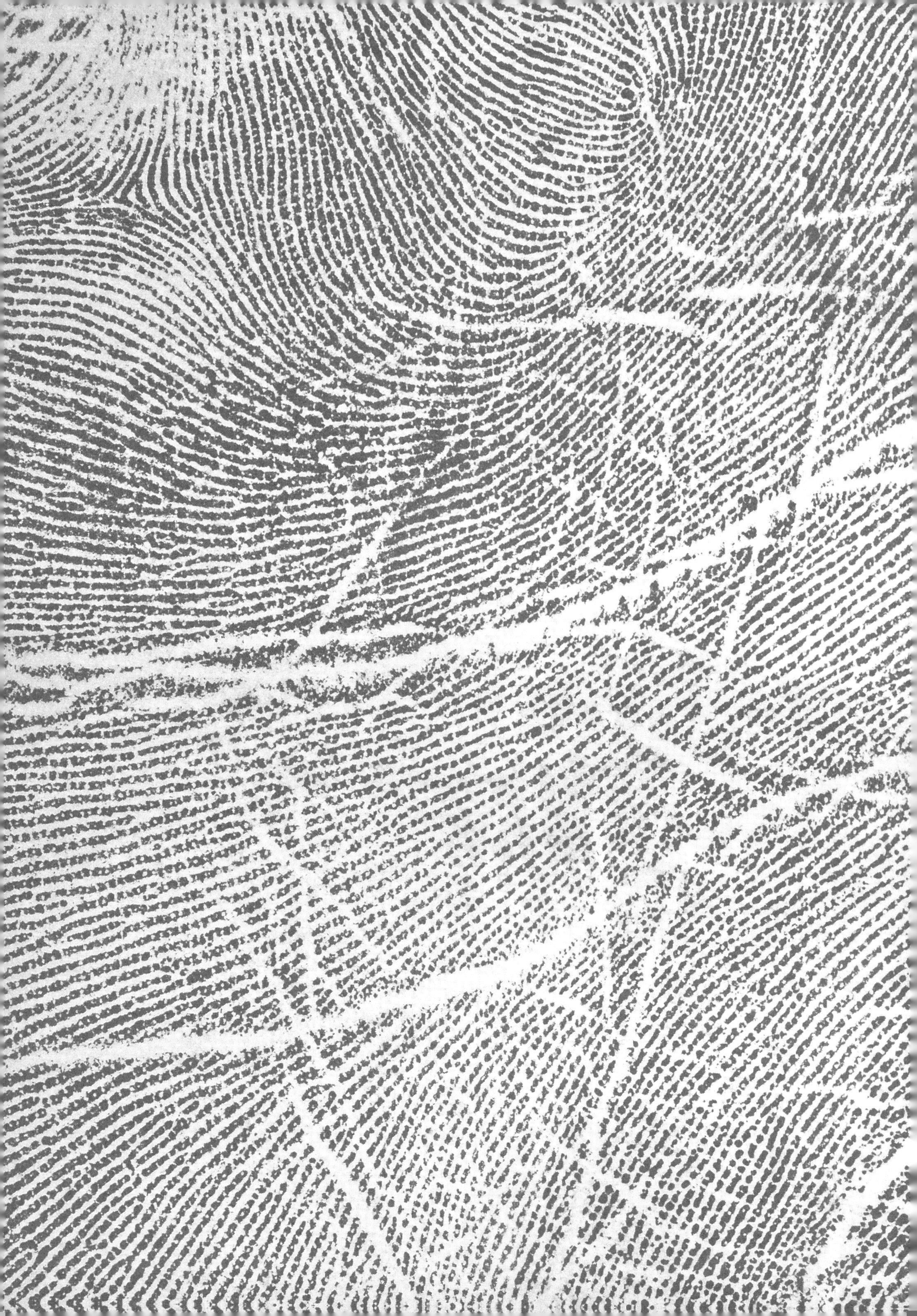

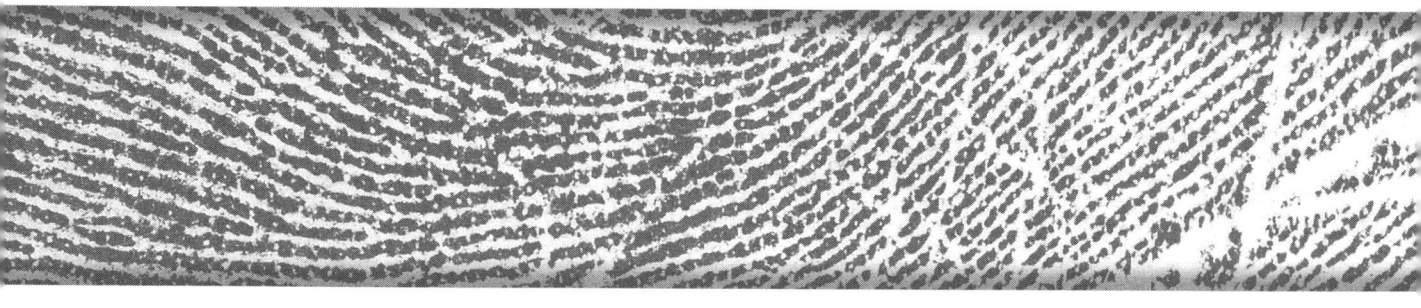

A ideia de **pós-modernidade** é marcada pela crítica aos ideais da **modernidade**, que viram na razão e, consequentemente, na ciência a forma de resolver os problemas humanos e vigentes no mundo. Porém, os pensadores da modernidade, defensores da razão/ciência como única forma de explicar a realidade, perceberam que tal proposta não trouxe resposta para todos os problemas existentes, pelo contrário: surgiram ainda mais problemas, especialmente nos campos social e ambiental.

No **campo social**, além do crescimento populacional, a miséria e as desigualdades sociais aumentaram em certas regiões. Cabe ressaltar que o sistema capitalista se caracteriza pelas desigualdades sociais, principalmente nos países em desenvolvimento e nos subdesenvolvidos. Dessa condição também decorre o domínio das potências (países desenvolvidos) em relação aos países pobres; assim, os países ricos acabam impondo condições que restringem a ação das economias menores e as sufocam, mantendo-as cada vez mais dependentes.

Outros fatores que geram preocupação são os **conflitos**; a **violência**, no caso de **guerras localizadas**; e, mais especificamente, o **terrorismo**, que tem motivado atentados nos Estados Unidos, na França e em outros países. O tráfico de drogas também gera violência em grande escala, situação que podemos verificar no Brasil. Além desses fatores, temos as **alterações climáticas ou ambientais**, que, segundo especialistas, são provocadas pela ação desordenada do homem, que agrediu e agride o meio ambiente. Este, em situação de desequilíbrio, provoca secas, enchentes e tempestades, gerando catástrofes em diversas partes do mundo.

12.1 O capitalismo e suas características

Umas das características do capitalismo é a **propriedade privada**, que, por si só, estabelece diferenças entre os sujeitos: aqueles que possuem e os que não possuem. Desse modo, ocorre outra diferença: aqueles que pouco possuem e os que muito possuem, o que acarreta as desigualdades sociais.

Outro aspecto que move o capitalismo é o **lucro**. Podemos dizer que o lucro é a essência do sistema, aquilo que o vivifica e que o mantém vivo; é o mecanismo que permite o desenvolvimento e o aumento da riqueza. Cada ciclo da produção deverá vislumbrar, ao final, um percentual "x" de lucro e, assim, todas as atividades produtivas têm essa mesma finalidade. O processo produtivo consiste na transformação das matérias-primas em produtos finais, a fim de serem consumidos. Esse processo é complexo, uma vez que envolve várias fases, tais como: fornecimento de matéria-prima, trabalho (mão de obra), custos de modo geral, mercado e, consequentemente, lucro.

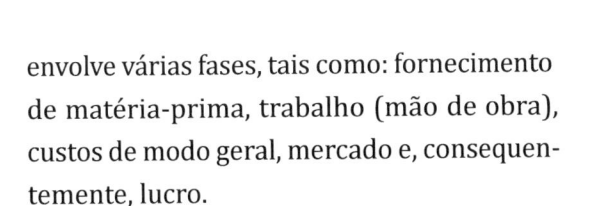

Outra característica do capitalismo é a **livre iniciativa**; portanto, qualquer sujeito que esteja inserido nesse sistema econômico tem a liberdade de criar, inventar, inovar e investir. A **liberdade de mercado** é uma das marcas do capitalismo, embora haja leis que regulamentem aspectos relacionados à economia. Assim, se o sujeito se inserir no mercado em conformidade com o que rege a lei, ele terá liberdade em suas ações.

12.2 Ideias filosóficas pós-modernas

Um dos filósofos que contribuíram para o pensamento pós-moderno foi o francês **Michel Foucault** (1926-1984), que realizou uma **análise do poder e de suas estruturas na sociedade**. Em um país, há um poder maior centralizado (macro), mas as instituições são ordenadas conforme as relações de poder. Nessa lógica, as pessoas são conduzidas a observar regras e a agir de acordo com aquilo que é estabelecido.

> *O momento histórico das disciplinas é o momento em que nasce uma arte do corpo humano, que visa não unicamente o aumento de suas habilidades, nem tampouco aprofundar sua sujeição, mas a formação de uma relação que no mesmo mecanismo o torna tanto mais obediente quanto é mais útil, e inversamente. Forma-se então uma política das coerções que são um trabalho sobre o corpo, uma manipulação calculada de seus elementos, de seus gestos, de seus comportamentos. O corpo humano entra numa maquinaria de poder que o esquadrinha, o desarticula e o recompõe. Uma "anatomia política", que é também igualmente uma "mecânica do poder", está nascendo; ela define como se pode ter domínio sobre o corpo dos outros, não simplesmente para que façam o que se quer, mas para que operem como se quer, com as técnicas, segundo a rapidez e a eficácia que se determina.* (Foucault, 1987, p. 119)

Com isso, as **relações de poder e dominação** são direcionadas para a construção de um modelo social de sujeito disciplinado, em que suas ações e sua conduta atendam a um tipo esperado pelos dominantes. Desse modo, constrói-se um tipo de sujeito que satisfaça as necessidades do sistema dominante, construção que se dá pela forma como as ideias e as relações de poder são instituídas na sociedade. Para um melhor entendimento desse aspecto, podemos verificar o comportamento da mídia na atualidade, como cria modelos e leva as pessoas a agir em função destes, que são explicitados e reforçados várias vezes até serem absorvidos.

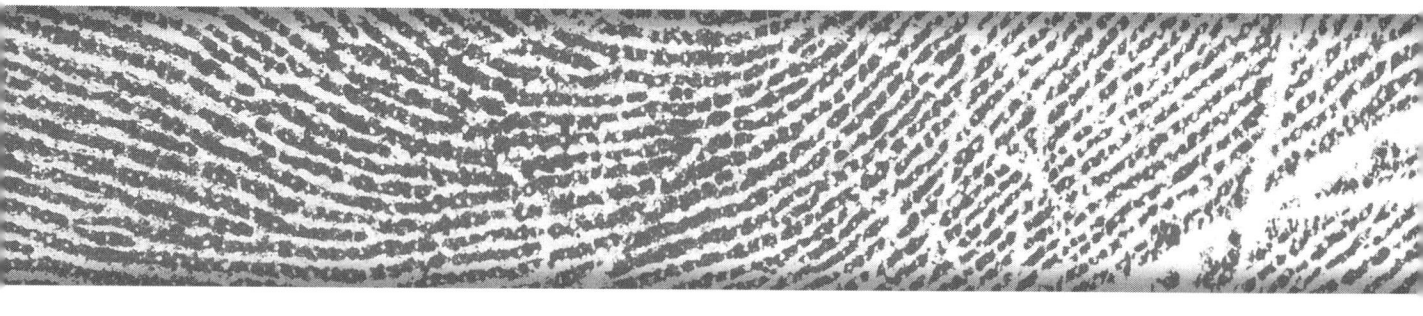

Ainda no que se refere às relações de poder, este sempre é exercido nas instituições das mais variadas naturezas. Nas escolas, nas fábricas, nas associações etc., sempre haverá um poder instituído e que será exercido por alguém, que vai procurar reforçá-lo e mantê-lo a todo custo, ressaltando as regras e fazendo os sujeitos cumprirem as normas com a finalidade de preservar a instituição.

Também exerceu grande influência no pensamento pós-moderno o filósofo francês **Jean-Paul Sartre** (1905-1980), cujo pensamento, de início, sofreu influência das ideias de Marx. Sartre escreveu a obra *O ser e o nada* (1943), na qual expõe suas ideias **existencialistas** sobre o homem; para ele, o homem é aquilo que é, e o nada representa aquele espaço em que o homem pode transformar-se, uma vez que não é um ser acabado. O homem também é um ser livre, como afirma o filósofo, "condenado à liberdade".

A liberdade possibilita ao homem a escolha e, como é um ser inacabado, ele sempre terá o espaço da escolha – o **não ser**. O não ser o leva a buscar sua realização diante do mundo concreto e a agir em função de sua liberdade; esta, por sua vez, acaba por conduzi-lo e impulsiona sua existência.

Por fim, em uma análise muito real, o filósofo **Jean Baudrillard** (1929-2007) enfatiza o mundo do **consumismo**, da **indústria cultural**, como abordamos anteriormente, e a **sociedade de massa** que compõe o mundo atual. A sociedade de massa está voltada para o consumo, que é alienado; com isso, a sociedade se esquece da transformação social. A mídia fornece uma infinidade de informações que levam o sujeito a viver em um **mundo virtual** e, assim, são produzidas verdades artificiais, ideias distantes da realidade, que são absorvidas como se fossem verdade.

Exercícios

1) Considerando a pós-modernidade, leia as alternativas abaixo e marque a proposição que especifica corretamente as características desse período:
   a) É marcada pela igualdade social e por oportunidades para todos.
   b) Trata-se de uma sociedade capitalista, com muitas desigualdades sociais e miséria em várias partes do mundo.
   c) Caracteriza-se pela solidariedade, por meio da qual as nações se ajudam mutuamente.
   d) A ciência e os conhecimentos advindos desta forneceram a solução para todos os problemas da humanidade.

2) Sobre o capitalismo, leia as alternativas a seguir e marque a que corresponde às características desse sistema econômico:
   a) Caracteriza-se pela propriedade privada, pela produção e pelo consumo em escala, pelo lucro e pela liberdade de empreender.
   b) As oportunidades são iguais para todos, independentemente das posses do sujeito.
   c) A livre iniciativa se restringe a determinados setores, ao passo que outros são controlados pelos governos.
   d) O governo controla a produção.

3) O sistema econômico em questão tem como base a liberdade de mercado, que visa a produzir e a consumir em grande escala, aumentando os lucros. Também se caracteriza pela defesa da propriedade privada e pelo acúmulo de bens. Considerando o enunciado, julgue as alternativas abaixo e marque a que corresponde ao sistema econômico descrito:
   a) Socialismo.
   b) Comunismo.
   c) Capitalismo.
   d) Liberalismo econômico.

4) De acordo com o pensamento de Michel Foucault, é **incorreto** afirmar:
   a) Há o domínio de uns sobre os outros, a fim de que aqueles operem como quiserem.
   b) De modo geral, as instituições são organizadas a partir de relações de poder.
   c) O sujeito deve ser disciplinado para atender ao propósito dos interesses dominantes.
   d) A construção da ideia de sujeito se dá livremente, sem a interferência de agentes institucionais.

5) Considerando a abordagem sobre Michel Foucault que apresentamos neste capítulo, leia as alternativas abaixo e marque a que corresponde ao ponto central do pensamento desse teórico:
   a) Verifica a liberalidade na condução das normas e leis nas instituições.
   b) Analisa o poder e suas relações na sociedade.
   c) Analisa a influência da religião no comportamento da sociedade ocidental.
   d) Tem como ponto de partida a ideia de cultura e o comportamento social do sujeito.

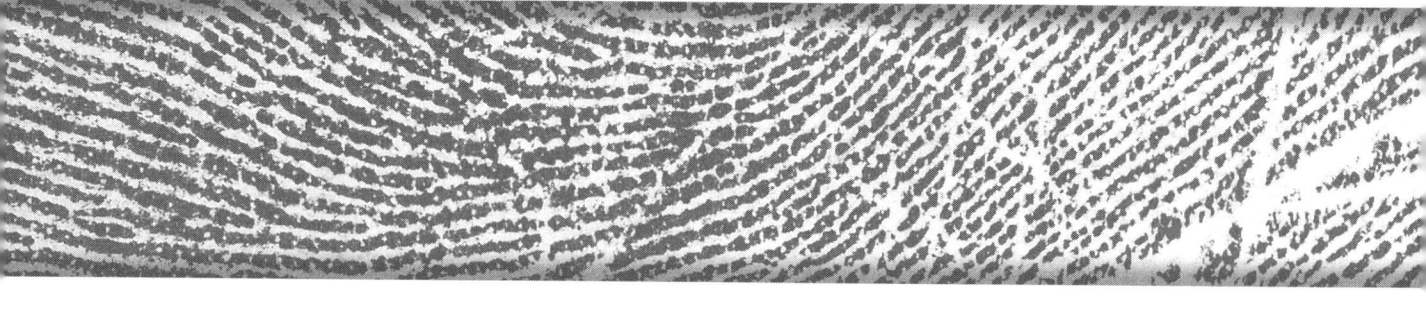

6) Verifique as alternativas abaixo e marque a que se relaciona corretamente ao pensamento de Sartre:
   a) O homem busca a felicidade.
   b) O homem é condenado à liberdade.
   c) A essência do homem é a cultura.
   d) O homem é um ser para Deus.

7) Na obra *O ser e o nada*, Sartre expõe suas ideias existencialistas. Leia as assertivas abaixo e marque a correta:
   a) O homem é aquilo que é, e o nada é o espaço que permite a ele transformar-se.
   b) O homem é um ser pronto, acabado; portanto, não tem liberdade de escolha.
   c) A força de o homem agir perante o mundo se encontra na sua capacidade de agir em função da religião.
   d) A liberdade de escolha do homem se dá em função do espaço social que ele ocupa.

8) De acordo com Baudrillard, a sociedade atual apresenta as seguintes características:
   a) Dá ênfase à construção da consciência crítica e opõe-se ao consumismo.
   b) É massificada e dá muita ênfase à religião.
   c) Prioriza o consumismo, adere à indústria cultural e não participa da transformação social.
   d) Pondera o consumo e busca a autossustentabilidade.

9) Sociedade baseada na produção e no consumo em grande escala, por meio da industrialização, influenciada pelas mais variadas mídias e pela alienação social. Leia as alternativas abaixo e marque a que corresponde a esse enunciado:
   a) Sociedade de massa.
   b) Sociedade alternativa.
   c) Sociedade moderna.
   d) Sociedade sustentável.

10) Considerando as sociedades atuais e a complexidade que passou a fazer parte do cotidiano das pessoas, temos que existem elementos que causam impactos diretos na vida delas. Analise as proposições abaixo e marque a alternativa que evidencia fenômenos ou situações do mundo atual:

a) Meio ambiente equilibrado, consumo controlado, ausência de violência e igualdade social.

b) Superação da miséria, produção de acordo com as necessidades, avanços científicos e transformação social.

c) Sociedade voltada para a educação, ausência de desigualdades sociais, oportunidades para todos e uso de tecnologias.

d) Consumismo, produção em grande escala, uso de tecnologias, violência, desequilíbrio ambiental e desigualdades sociais.

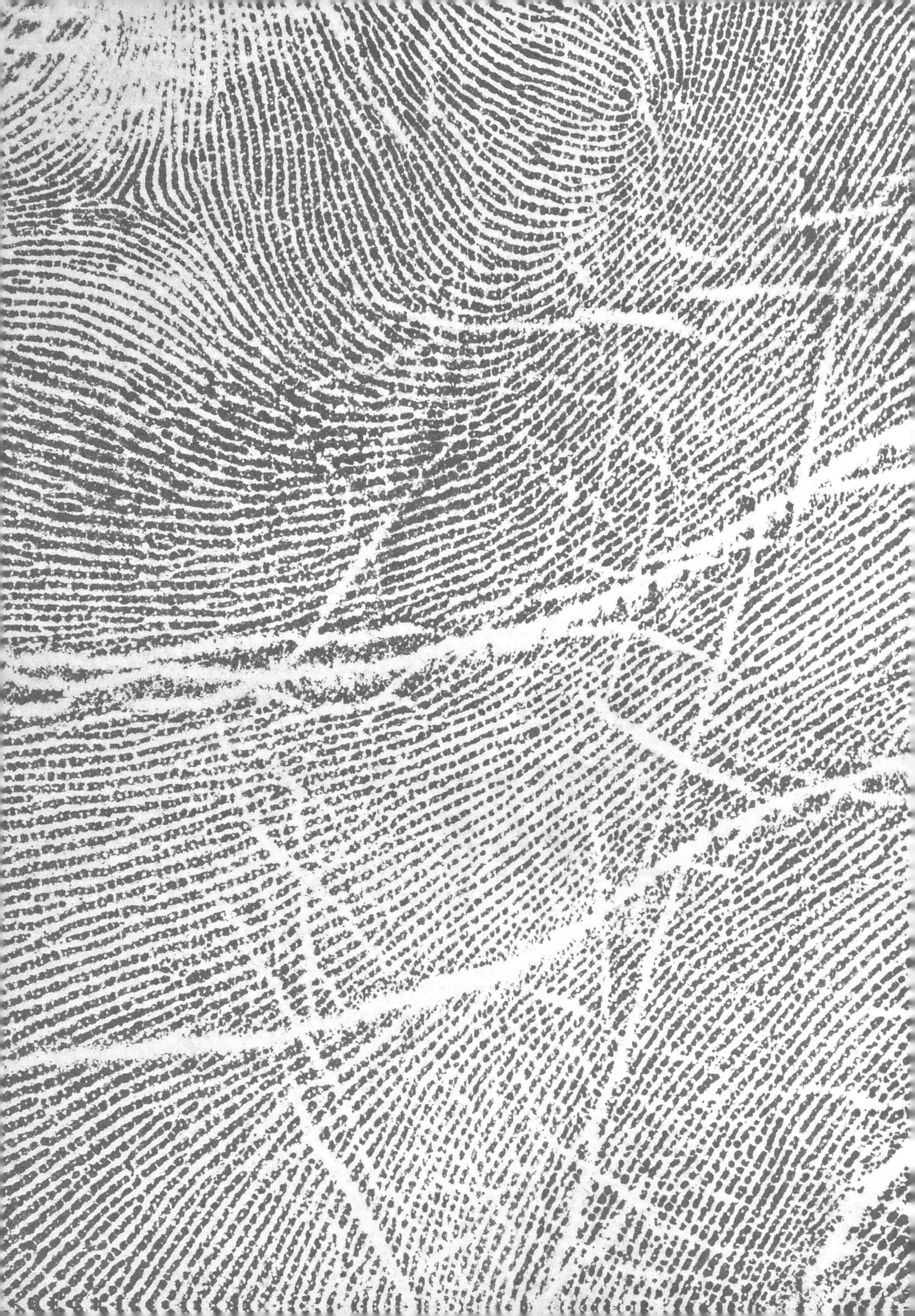

Referências

ABBAGNANO, N. **Dicionário de filosofia**. 4. ed. São Paulo: M. Fontes, 2000.

ABRÃO, B. S. (Org.). **História da filosofia**. São Paulo: Nova Cultural, 1999. (Coleção Os Pensadores).

AGOSTINHO, Santo. **Confissões. De Magistro**. São Paulo: Abril Cultural, 1973. (Coleção Os Pensadores).

ARANHA, M. de A.; MARTINS, M. H. P. **Filosofando**: introdução à filosofia. 3. ed. rev. São Paulo: Moderna, 2003.

BITAR, E. C. B. **Doutrinas e filosofias políticas**: contribuições para a história das ideias políticas. São Paulo: Atlas, 2002.

BRASIL. Constituição (1988). **Diário Oficial da União**, Brasília, DF, 5 out. 1988. Disponível em: <http://www.planalto.gov.br/ccivil_03/Constituicao/Constituicao.htm>. Acesso em: 9 jun. 2016.

BRUNO, G. **Sobre o infinito, o Universo e os mundos**. São Paulo: Abril, 1974. (Coleção Os Pensadores).

CASTRO, S. de (Org.). **Introdução à filosofia**. 2. ed. Petrópolis: Vozes, 2011.

CHAUI, M. **Convite à filosofia**. São Paulo: Ática, 2001.

____. ____. 14. ed. São Paulo: Ática, 2010.

COSTA, M. C. C. **Sociologia**: introdução à ciência da sociedade. 3. ed. rev. e ampl. São Paulo: Moderna, 2005.

COTRIM, G. **Fundamentos da filosofia**: história e grandes temas. 15. ed. reform. e ampl. São Paulo: Saraiva, 2002.

DESCARTES, R. **Discurso do método. Meditações. Objeções e respostas. As paixões da alma**. São Paulo: Abril Cultural, 1996. (Coleção Os Pensadores).

DUARTE JÚNIOR, J. F. **O que é realidade**. São Paulo: Brasiliense, 2000. (Coleção Primeiros Passos).

ENGELMANN, A. A. **Filosofia da arte**. Curitiba: Ibpex, 2008.

____. **Maquiavel**: secularização, política e natureza humana. 113 f. Dissertação (Mestrado em Filosofia) – Pontifícia Universidade Católica de São Paulo, São Paulo, 2005.

ENGELMANN, A. A.; TREVISAN, F. C. **Leitura e produção de textos filosóficos**. Curitiba: InterSaberes, 2015.

FOUCAULT, M. **Vigiar e punir**: nascimento da prisão. Petrópolis: Vozes, 1987.

GARIN, E. (Dir.). **O homem renascentista**. Lisboa: Editorial Presença, 1991.

GIDDENS, A. **Sociologia**. Trad. Sandra Regina Netz. 4. ed. Porto Alegre: Artmed, 2005.

GILES, T. R. **O que é filosofar?** 3. ed. São Paulo: EPU, 1984.

GRANADA, M. A. O mundo e o poema: continuidade e transformação da filosofia no Renascimento. In: PRADEAU, J.-F. (Org.). **História da filosofia**. 2. ed. Petrópolis: Vozes; Rio de Janeiro: PUC-Rio, 2012. p. 178-191.

HESÍODO. **Teogonia**: a origem dos deuses. 4. ed. São Paulo: Iluminuras, 2001.

JASPERS, K. **Introdução ao pensamento filosófico**. São Paulo: Cultrix, 1999.

KANT, I. **Crítica da razão pura e outros textos filosóficos**. São Paulo: Abril Cultural, 1974. (Coleção Os Pensadores).

LACOSTE, J. **A filosofia da arte**. Rio de Janeiro: J. Zahar, 1986.

MAQUIAVEL, N. **O príncipe**. São Paulo: Ediouro, 2002.

MARCONDES, D. Wittgenstein. In: PECORARO, R. (Org.). **Os filósofos**: clássicos da filosofia. 2. ed. Petrópolis: Vozes; Rio de Janeiro: PUC-Rio, 2013. v. II: De Kant a Popper.

MARCUSE, H. **Cultura e sociedade**. Rio de Janeiro: Paz e Terra, 1997. v. I.

NUNES, B. **Introdução à filosofia da arte**. 5. ed. São Paulo: Ática, 2005.

PLATÃO. **A república**. São Paulo: Nova Cultural, 2000. Livro VII.

REALE, G.; ANTISERI, D. **História da filosofia**: do humanismo a Kant. São Paulo: Paulus, 1990. (Coleção Filosofia).

STÖRING, H. J. **História geral da filosofia**. Petrópolis: Vozes, 2009.

VÁZQUEZ, A. S. **Ética**. 20. ed. Rio de Janeiro: Civilização Brasileira, 2000.

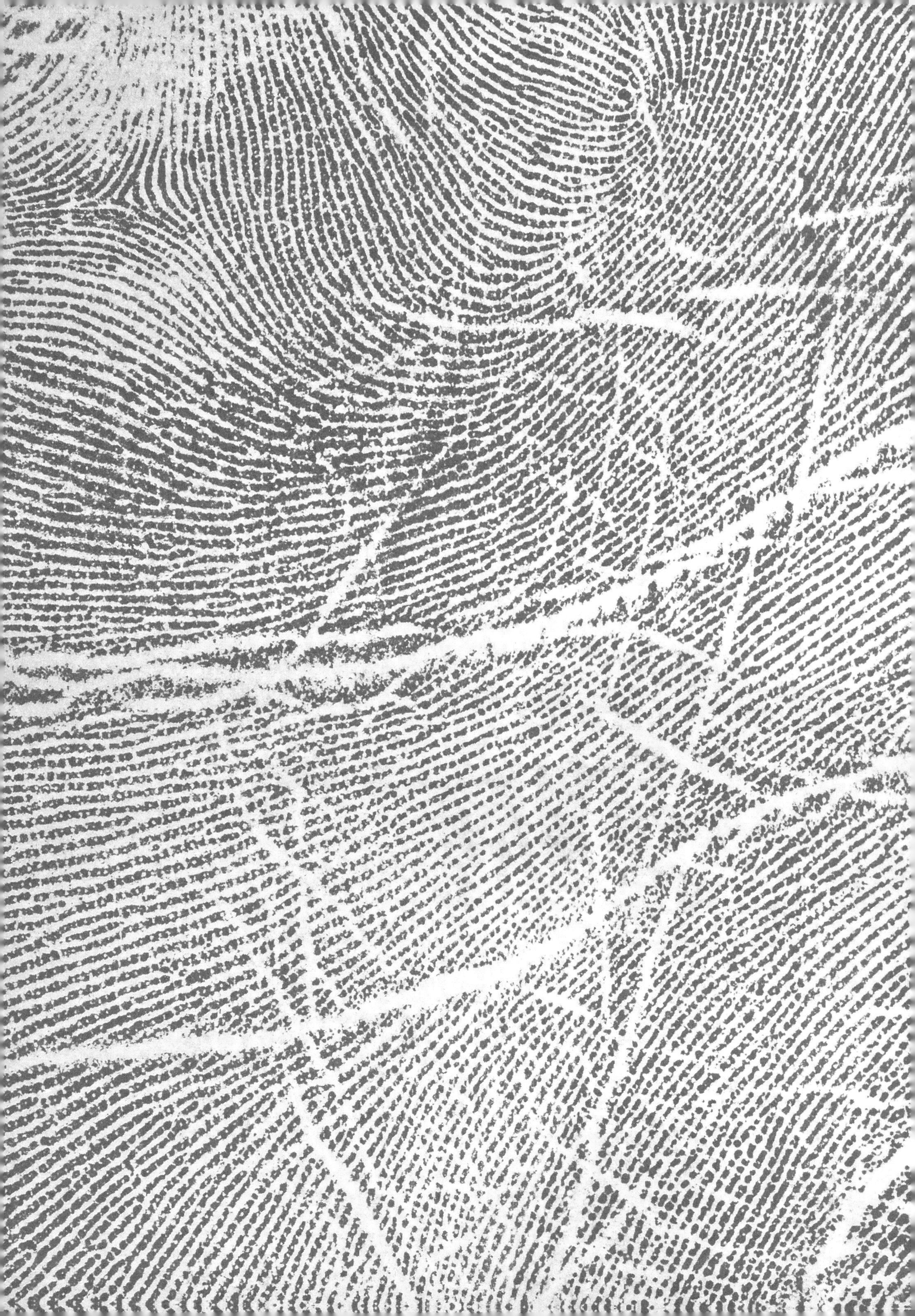

Respostas

Capítulo 1
1. c
2. b
3. a
4. c
5. d
6. d
7. b
8. a
9. d
10. b

Capítulo 2
1. a
2. b
3. b
4. b
5. a
6. d
7. c
8. b
9. a
10. c

Capítulo 3
1. b
2. a
3. d
4. a
5. a
6. c
7. b
8. d
9. d
10. a

Capítulo 4
1. b
2. d
3. a
4. c
5. a
6. d
7. b
8. a
9. d
10. c

Capítulo 5
1. a
2. c
3. c
4. a
5. a
6. d
7. a
8. b
9. b
10. c

Capítulo 6
1. b
2. c
3. a
4. d
5. b
6. a
7. b
8. a
9. d
10. c

Capítulo 7
1. a
2. d
3. a
4. d
5. a
6. c
7. a
8. b
9. d
10. a

Capítulo 8
1. d
2. a
3. c
4. b
5. b
6. a
7. d
8. a
9. b
10. a

Capítulo 9
1. a
2. b
3. b
4. b
5. a
6. d
7. b
8. c
9. a
10. d

Capítulo 10
1. a
2. b
3. d
4. d
5. b
6. a
7. d
8. b
9. b
10. a

Capítulo 11
1. a
2. b
3. c
4. d
5. b
6. a
7. d
8. b
9. b
10. b

Capítulo 12
1. b
2. a
3. c
4. d
5. b
6. b
7. a
8. c
9. a
10. d

Sobre o autor

Ademir Antonio Engelmann é mestre em Filosofia pela Pontifícia Universidade Católica de São Paulo – PUC-SP (2005) e tem especialização em Filosofia, com ênfase em Ética, pela Pontifícia Universidade Católica do Paraná – PUCPR (2000) e em Formação de Docentes e de Orientadores Acadêmicos em EaD (2012). Graduado em Filosofia pela PUCPR (1999), atualmente é professor no Centro Universitário Internacional Uninter. Tem experiência nas áreas de filosofia, história, sociologia, ética e metodologia de pesquisa científica. Também é autor das obras *Filosofia da arte*, *História da filosofia no Brasil* e *Leitura e produção de textos filosóficos*.

Impressão:
2016